# Ind

**Colección addenda**
Director-Propietario: Ricardo Vergara
Autor: Gastón Nuñez

Gastón Nuñez

# ESTADO DEL LAZO SOCIAL
## Conjeturas en torno a la subjetividad como política

*Prólogo: Sebastián Plut*

**Ricardo Vergara
Ediciones**

Coordinación de Producción y Edición:
Ricardo Vergara
Colegiales, Ciudad de Buenos Aires
Te: (011)-15-6231-2760
E-mail: edicionesvergara@gmail.com
Instagram: @vergara_ric


Gastón Nuñez
E-mail: psicologo.gaston@gmail.com


Ciudad de Buenos Aires, República Argentina.
Queda hecho el depósito que marca la ley 11.723.

# Dedicatoria

*A mi madre, por crear un Estado.*
*A Mora, por mantenerlo.*

# Prólogo
## Sebastián Plut[1]

¿Cuál es la posición de quien prologa una obra ajena? Por un lado, sin duda, ha sido un lector de ésta, quizá, uno de sus primeros lectores. Sin embargo, y al mismo tiempo, el prólogo pasa a formar parte de la obra junto al desarrollo más extenso que realizó el autor y, por lo tanto, ya queda en el lugar de quien también se dirige a los lectores.

Si se quiere, entonces, el prologuista ostenta una doble representación: representa a los lectores ante el autor, y a éste ante los lectores. No obstante, huelga decirlo, no es ni el autor ni un lector, al menos si pensamos en aquellos que ven el libro en el escaparate que lo promociona. Si como decía Umberto Eco, a través de su obra el autor construye a su lector, escribe para un lector que aquél imagina, posiblemente cuando el autor elige a su prologuista lo haga desde esa perspectiva, la de representarse y acercarse al lector que imagina. Como sea, la *función representación* siempre es problemática, nunca es acabada ni es en un todo homologable a lo presuntamente representado. Insisto, el prologuista no es ni el autor ni el lector.

Quizá su lugar se asemeje al del invitado a una reunión que se siente honrado por el convite. Las razones y expectativas del autor para esa convocatoria las podrá decir él, no me corresponde a mí deducirlas, como tampoco me arrogo la función exegética de su obra. En todo caso, cuando Gastón Nuñez me propuso esta labor y, luego, me envió su manuscrito, yo me he sentido invitado a *pensar* con su texto.

---

[1]     Doctor en Psicología. Psicoanalista. Miembro Fundador del Grupo Psicoanalítico David Maldavsky (GPDM). Director de la Diplomatura en el Algoritmo David Liberman (UAI). Coordinador del Grupo de Investigación en Psicoanálisis y Política (AEAPG).

He mencionado ya dos variables de la subjetividad: la representación, con las limitaciones que supone, y el pensamiento, con sus posibles nexos con lo pensado, con su materia estimulante, y quizá ambos conceptos (representación y pensamiento) sean dos claves para leer el recorrido que hace Nuñez.

La obra que el lector comienza a recorrer examina la complejidad con que se articulan cuatro conceptos: Estado, política, ciudadanía y subjetividad, categorías que permiten pensar la trama que se desarrolla entre lo singular y lo colectivo o, para decirlo en las propias palabras del autor, *"no se debe olvidar que son las subjetividades las que vivencian las políticas, significándolas desde sus propias singularidades"*.

Asimismo, el libro articula perspectivas diferentes, entre ellas la del politólogo (O´Donnell), la del historiador (Lewcowicz) y la del psicoanalista (Bleichmar), con lo que pone de manifiesto no solo la heterogeneidad de variables en juego -a su vez cambiantes- sino, además, la dificultad inherente a la reflexión interdisciplinaria. En efecto, la irreductibilidad de una disciplina a otra, la configuración de bordes de superposición entre unas y otras, siempre borrosos, exige un cuidado que el autor logra a medida que avanza en sus consideraciones.

Los psicoanalistas solemos decir que la clínica es soberana, lo cual indica que la realidad, los hechos, constituyen una exigencia de trabajo para la teoría. Freud, por caso, tuvo en cuenta una frase de su maestro Charcot, cuando afirmó que *"las teorías son buenas, pero eso no impide que las cosas sean lo que son"*. Entonces surge un interrogante: ¿en qué medida, actualmente, podemos pensar la política (el Estado, el ciudadano, etc.) con hipótesis que fueron pensadas hace casi medio siglo?

Desde luego, esta es una observación genérica que debe ser matizada y puesta a prueba sobre hipótesis particulares, ya que en todo autor suelen coexistir conjeturas cuya vigencia se muestra constante y otras que resultan más acordes con contextos específicos, es decir, responden más a coyunturas, épocas, y por lo tanto pueden perder algo de su potencia explicativa.

Me detengo, por ejemplo, en la relación establecida por O´Donnell y que Nuñez recupera, entre el Estado y la dominación social, luego de lo cual agrega que conviene *"pensar a los sujetos sociales como subjetividades que sostienen esta dominación estatal"*.

¿Es hoy, al menos en las democracias occidentales, el Estado el agente de la dominación social? Responder a esta pregunta exigiría una exposición que no podemos hacer acá, y nos llevará a pensar sobre la noción de democracia en la actualidad y sobre cuáles son, en este contexto, los sectores que efectivamente ejercen el poder. Dicho de otro modo, ¿en qué medida Estado y dominación social quedan emparentados a dos décadas de iniciado el Siglo XXI?

Una pregunta similar cabe hacernos sobre otra de las hipótesis que plantea el autor: *"el Estado es respaldo de la relación dada entre los sujetos y estos se constituyen en esas relaciones"*.

En rigor, debemos notar que actualmente han sido puestos en cuestión dos principios que regulaban la vida en común: por un lado, que el Estado aun conserve aquel rol de respaldo o garante; por otro lado, si el Estado no mantiene ese rol, no se tratará de que haya sido ocupado por alguna otra instancia sino que, precisamente, han quedado afectadas las nociones mismas de respaldo y de garantía.

Algo de todo esto Nuñez propone cuando, por un lado, recurre a los desarrollos de Lewcowicz y, a su vez, cuando expone el problema del trasplante de órganos, el cual es abordado al modo de un estudio de caso. Incluso, ya previamente se había preguntado si las políticas públicas generan vivencias de acompañamiento estatal o bien, cuando plantea que pese a su valor en la construcción de igualdad de derechos, no logran paliar las situaciones de desamparo. Con ello, Nuñez se aproxima a otro problema relevante, cuya gravedad debe interpelarnos: cuánto son eficaces las leyes y las políticas públicas. Solo por dar un ejemplo rápido, digamos que las leyes y los derechos jubilatorios siguen formando parte de la agenda pública, pese a que su valor práctico resulta insuficiente para la subsistencia de sus beneficiarios.

Por ello, es cierto, como se plantea más adelante, que *"los sujetos sociales son iguales porque poseen derechos y los derechos los hacen iguales frente al Estado"*; no obstante, tales derechos en muchos casos no pasan de ser letra muerta y, a su vez, la igualdad frente al Estado no deriva en vivencias de la cotidianeidad, cuando el mercado y los poderes concentrados tienen una fuerza mayor que la agencia pública. No por nada, siguiendo a Bleichmar, el autor plantea que *"ya no podemos pensar que hoy el único soporte que posea el Estado sea el de ciudadano sino que ha ganado territorio, quizá quitándoselo al ciudadano, la presencia del consumidor"*.

Nuñez señala *"...que toda política pueda ser fallida y que se vaya construyendo para dar respuestas más apropiadas a través del ensayo y el error"*. Y este es, precisamente, uno de los expedientes sobre los cuales el psicoanálisis tiene mucho que aportar al nudo constituido por el tándem política/subjetividad. En primer lugar, recordemos algunas premisas freudianas, como cuando se refirió a las *"imperfecciones"* de nuestro conocimiento o, poco después, cuando agrega que una vida gobernada por el principio de placer es *"irrealizable"*. Tengamos en cuenta que en otro texto Freud[2] sostuvo que una de las principales fuentes de sufrimiento proviene de la inevitable *"insuficiencia"* de las leyes que regulan los vínculos intersubjetivos. En la misma línea, evocamos cuando aludió a la abstinencia y sugirió

---

[2]        Freud, S.; (1930) *El malestar en la cultura*, Vol. XXI, O.C., Amorrortu Editores.

que debe realizarse *"en la medida de lo posible"* o, lo que es lo mismo, una abstinencia absoluta es imposible.

Diría, entonces, que un desafío actual es recuperar y conservar esta enseñanza freudiana sobre las 4 "I": lo imperfecto, lo irrealizable, lo insuficiente y lo imposible. Precisemos algo más este punto. Freud consideraba una triple fuente de sufrimientos, de modo que el sujeto se ve amenazado desde tres fuentes: desde el cuerpo propio, el mundo exterior y desde lo vínculos con los otros. Sobre esta última fuente (que incluye la *"insuficiencia de las normas que regulan los vínculos recíprocos entre los hombres en la familia, el Estado y la sociedad"* [3]) dice que aunque tendemos a considerarla accidental no es menos inevitable que las dos restantes. Más aun, las limitaciones en cuanto a amortiguar el sufrimiento que proviene del mundo externo y del cuerpo, dice Freud, no tienen un efecto paralizante. Y agrega: *"diversa es nuestra conducta frente a la tercera fuente de sufrimiento, la social. Lisa y llanamente nos negamos a admitirla, no podemos entender la razón por la cual las normas que nosotros mismos hemos creado no habrían más bien de protegernos y beneficiarnos a todos"* [4].

Se entiende que para Freud la insuficiencia de las normas es un asunto diverso del que se crea por la transgresión de las mismas, y eso requiere no solo comprender dicha insuficiencia sino también –como plantea Freud- nuestra negación de la misma, es decir, la ilusión de su inexistencia. Nos legó de ese modo una doble enseñanza: admitir dicha insuficiencia y, a su vez, comprender por qué nos negamos a aceptar que las normas no son suficientes.

Recordemos que en otro texto Freud dirá que *"dada la lentitud de las personas que guían la sociedad no suele quedar otro remedio para corregir esas leyes inadecua-*

---

[3]    Freud, S.; (1930) *El malestar en la cultura*, O.C., Vol. XXI, Ed. Amorrortu, pág. 85.

[4]    Freud, S.; (1930) *Op. cit.*, O.C., Vol. XXI, Ed. Amorrortu, pág. 85.

*das que el de infringirlas a sabiendas"* [5]. Y no se crea que
Freud hacía apología del delito. Nada más lejos de ello.

Posteriormente, Nuñez nos invita a pensar sobre *"el carácter de exterioridad aparente del Estado respecto a los
sujetos sociales"*, con lo que toca otro asunto sustantivo.
En efecto, resulta frecuente que se hable del Estado como
una exterioridad. Quien reclama por las vacunas, acusa al
Estado de no proveerlas, en tanto quien se emociona al tener su certificado, le agradece al Estado por estar presente. Es habitual, entonces, percibir al Estado como un ente
que estaría fuera de nosotros, fuera de cada uno. A veces,
cuando imaginamos el Estado pensamos únicamente en los
gobernantes; otras veces, quizá, incluimos a todos aquellos
que trabajan en el Estado, y entonces parece prevalecer una
sensación de ajenidad en que los "particulares" vivimos en
los márgenes del Estado o, a la inversa, el Estado estaría en
los márgenes de nuestra cotidianeidad.

No obstante, cada tanto alguien nos recuerda que "el Estado somos todos" y conviene, pues, preguntarnos por qué
si todos somos el Estado, tantas veces nos (o lo) localiza-
mos en una zona diferente.

La respuesta freudiana invita a participar al concepto de
identificación, mecanismo y proceso que está en la base de
nuestros sentimientos de pertenencia, de nuestra vivencia
comunitaria. No habrá comunidad, entonces, si no desa-
rrollamos una identificación con los otros en función de
la relación con un referente, en este caso, el Estado. Solo
así percibiremos que el Estado está en nosotros, que todos
somos el Estado. Por esa vía, podremos decir que el Estado
es una presencia dentro nuestro.

Vale una aclaración: el Estado presente dentro nuestro
no nos coloca en la posición de un apéndice o de una mi-
núscula pieza dentro de una maquinaria infernal, tal como
lo imaginó hace 100 años Evgueni Zamiatín, en la novela

5    Freud, S.; (1926) *¿Pueden los legos ejercer el análisis?*, Vol.
XX, O.C., Amorrortu Editores, pág. 221.

distópica *Nosotros*. Por el contrario, se trata de una identificación que no borra rasgo alguno de la posición sujeto
de cada quien, no suprime en nada nuestra singularidad,
sino que nos inserta en los vínculos colectivos, nos permite
establecer proyectos significativos, elaborar desilusiones y
proveer sentido a los vínculos fraternos.

Cuando el Estado es solo lo otro, algo ajeno, quizá se
pueda establecer un lazo, pero su signo será, invariable-
mente, la hostilidad. Un ejemplo lo vemos en aquel que
suele expresar su prescindencia subjetiva respecto de lo
público bajo la frase *"yo soy apolítico"*, cepa que tiene
su variante, *"yo no soy de izquierda ni de derecha"*. Estas
expresiones subrayan el yo y definen una posición por la
negativa, cual si la ausencia de una identificación no pro-
dujera la creación de una diferencia, luego, irreconciliable.
En efecto, solo por vía de la identificación comunitaria será
posible neutralizar el surgimiento de marginalidades resul-
tantes del descrédito sobre el sentido de comunidad.

No muy lejos escuchamos otro enunciado, el de quien
grita, cual si fuera razón de una omnipotente inmunidad,
*"yo pago mis impuestos"*. No sabremos acá si todos los
que vociferan su prolijidad contribuyente, efectivamente
son tan prolijos, pero sí advertimos que, al menos por decirlo, se suponen poseedores de una acreencia que ostentan
cual privilegio, que no derecho. Nótese que en el tono de
la expresión, frecuentemente enfatizan el pronombre pose-
sivo, "mis", como quien no puede intuir jamás que hay un
más allá de lo privado, lo individual.

La marginalidad aludida poco más arriba no refiere a la
vulnerabilidad, a los llamados excluidos, sino, más bien,
a los autoexcluidos de lo colectivo, a aquellos en quienes
no se desarrolla la consustanciación identificatoria con los
proyectos comunitarios. En ellos, pues, se da una relación
de exterioridad con lo estatal (los liderazgos, el poder, la
política, etc.). Tal vez se ubiquen en esta modalidad los casos que Freud denominó "masa de a dos", cuando ocurre

la exclusión de la identificación recíproca, del consiguiente espíritu comunitario y de la solidaridad con los demás.

Como ya apunté, Nuñez aborda el particular problema de los trasplantes de órganos, diría yo, como un analizador específico de los problemas generales que examina. En ese contexto afirma que *"si bien la literatura al respecto de la donación de órganos está más anclada en la decisión de la donación por parte de los voluntarios, nos hallamos con escasos datos orientados al receptor y su acontecer psicológico"*. No cabe duda acerca del valor que tienen las políticas públicas destinadas a incentivar la donación de órganos, no obstante no carece de peso lo que advierte el autor. Nos hemos planteado un problema similar en una investigación sobre mujeres que recurren a la práctica de la ovodonación en ocasión de concretar su maternidad. En particular, nos preguntamos por qué se estableció aquel nombre (ovodonación) cuando lo central es el rol de la mujer receptora. ¿Por qué no denominar ovorecepción a dicho tratamiento? Nuñez, de hecho, señala que *"no encontramos o al menos se presenta enfáticamente difuso, la ponderación respecto al lugar del receptor de órganos y su subjetividad"*. El conjunto de interrogantes es amplio y solo podemos esbozar un pequeño sector de ellos. ¿Qué papel tienen los cuerpos en la política? ¿Qué ocurre con la visibilización de la vulnerabilidad y/o del sufrimiento? ¿Cumple algún rol encubridor el énfasis en la donación? Del caso estudiado por Nuñez rescatamos que acaso el significante "trasplante" (en lugar de donación o recepción) recupere más el núcleo de la intersubjetividad implicada en esos procesos. Digamos, de paso, que las metáforas orgánicas han sido utilizadas recurrentemente para el examen de grupos, instituciones y comunidades. Así, por ejemplo, se habla de "órganos de propaganda", "organismos del Estado" o de "corporaciones".

Ya es momento de concluir. No sé si he podido comprender bien el minucioso recorrido al que nos conduce la presente obra, pero al menos espero haber estimulado al lector para que ingrese en ese camino con un disfrute similar al que tuve yo. No pretendí, entonces, producir un texto que represente a la obra, al menos fielmente, pero sí compartir el trabajo de pensamiento que estimuló en mí. Así, vale volver a citar una frase de Nuñez que hace de faro en nuestras indagaciones: *"no se debe olvidar que son las subjetividades las que vivencian las políticas, significándolas desde sus propias singularidades"*.

# Primera parte
# Capítulo I

*Vamos sospechando entonces que existe*
*un trabajo concreto a través de lo imaginario,*
*una apertura que sólo el escritor puede*
*anticipar vívidamente.*
"Comunicación y servidumbre".
Leon Rozitchner.

# Dos miradas sobre el estado
## -lo sujeto en el sujeto social-

## Lo específicamente político en la dominación social

Respecto al Estado pueden decirse muchas cosas desde diferentes corrientes y disciplinas teóricas que lo trabajan, en este sentido sugiere cierta cristalización profunda la noción de Estado derivada de la Ciencia y teoría Política que presenta Guillermo O`Donnell (1978), considerando que por dicho término debe entenderse el componente específicamente político de la dominación en una sociedad territorialmente determinada. Así lo político, entiende el autor, se presenta como una parte analítica del fenómeno de la dominación; resultando el Estado un equivalente al plano específicamente político y éste, un aspecto del fenómeno más amplio de la dominación social.

Esa dominación posee un carácter relacional que permite una modalidad de relación entre los sujetos sociales, ahora no necesariamente esto implica que toda relación social sea una relación de dominación; no obstante, en referencia al Estado, se presenta bajo esa característica. Creemos ne-

cesario aclararlo ya que esto cobrará otra magnitud a la
hora de pensar a los sujetos sociales como subjetividades
que sostienen esta dominación estatal.

Dicha dominación está en parte posibilitada por el control de ciertos recursos como ser el control de los medios
de coerción física, el control de los recursos económicos, el
control de recursos de información como los conocimientos científicos-tecnológicos y el control ideológico por el
cual el dominado asume su condición dentro de la relación
asimétrica de la que es parte sin entenderla ni cuestionarla.

Para O´Donnell (1978), la clase social se presenta así
como el eje diferenciador respecto al acceso a los recursos
de dominación, clase que expresa posiciones en una estructura social que estarán determinadas por modalidades de
ejercicio del trabajo y de la creación y apropiación de su
valor.

En este sentido el Estado que se figura bajo estas premisas es el Estado Capitalista, cuyos engranajes son básicamente económicos y singularizan la relación social, ya
que si bien no es la única relación de dominación en una
sociedad capitalista, su base se centra en una relación de
producción entre capitalista y trabajador asalariado, donde
la apropiación y el valor del trabajo aparece como su tamiz
(O´Donnell, 1978).

> Este es uno de los puntos no-
> dales del control ideológico: su
> vigencia encubre la inherente
> conflictividad de ciertas relacio-
> nes sociales. Esto sugiere que,
> aunque sus planos más ostensi-
> bles sean económicos, la relación
> que nos ocupa también está im-
> pregnada de control ideológico.
> (O´Donnell, 1978, p.4).

Desde esta perspectiva no sólo se genera un lazo en relación de desigualdad sino también un acto de explotación, manifestándose aquí el principio de una relación contradictoria, sin implicar que los sujetos sociales la reconozcan como tal o no. Si bien estas referencias versan respecto al Estado Capitalista, esto también adquiere sentido al pensar el conflicto en el lazo social que acarrea, en mayor o menor medida, una crisis de representación en un sistema democrático; claves que presentan ciertas particularidades a la ciudadanía y el ejercicio de la política, ejercicio que manifestando respuestas hacia los problemas sociales no implicará necesariamente abordar las subjetividades a las que creen interpelar.

La desigualdad actúa como diferenciador en el acceso a recursos de dominación. La posición de clase es en parte la determinante de ese acceso desigual, extensible también al logro de situaciones como ser prestigio social, educación, acceso a la información, hacerse escuchar socialmente e influir ideológicamente, disposición de recursos a poner en juego en el plano político, etc. (O´Donnell, 1978); por tanto, se apunta a que esta posición necesariamente más allá del tipo de relación que se establezca, va dibujando a sujetos en relación al Estado, subjetividades en el cruce con la política, relaciones atravesadas por un aparato estatal simbólico.

En este contexto O´Donnell (1978) plantea que "hay relaciones sociales ostensiblemente requeridas por órdenes respaldadas por la supremacía de la coacción sobre un territorio" (p. 5), pero que otras se presentan como relaciones "privadas" donde los sujetos se vinculan sin la presencia del Estado ni de su poder coactivo. No obstante es sólo una apariencia, ya que las partes pueden, en la mayoría de los casos, recurrir a un plus que es el Estado, cuya invocación permite la garantía de su efectividad.

En otras palabras, el Estado presta garantía a ciertas relaciones sociales, entre ellas las de producción pero también a cualquier estructura relacional que implique lazo social, dando cuenta que no se trata de una garantía externa o interna sino que es parte intrínseca y constitutiva de la misma. Lo propiamente político del Estado obedece a aspectos de una relación social.

## El Estado como sujeto social

Las consideraciones hechas hasta el momento por parte de O´Donnell (1978) sobre el Estado capitalista, implican la premisa vinculada a cierta "presencia virtual que suele ser puesta en acto cuando algo ha *fallado*" (p. 6). Este acto efectiviza una garantía que moviliza recursos de poder que tienen como última instancia, la utilización de medios de coacción sobre un territorio.

Separado el capitalista de un control directo sobre esos medios, entraña el surgimiento de un tercer sujeto social: las instituciones estatales.

Más allá de los aspectos económicos dibujados cada vez que se vende y compra fuerza de trabajo, se concreta una relación articulada de aspectos políticos-estatales como parte constitutiva de las mismas. Así, este tercer sujeto social al que se alude, no es todo el Estado sino la parte que se cristaliza en instituciones (O´Donnell, 1978).

Respecto a esto último, se vislumbra un presupuesto de la noción de ciudadanía, donde los sujetos sociales y políticos se constituyen en las relaciones en las que el Estado es parte garante y no de la constitución de los sujetos en sí mismos. Dicho de otra manera, el Estado es respaldo de la relación dada entre los sujetos y estos se constituyen en esas relaciones. Pero por otro lado, y esto es lo que no suele tenerse en cuenta, son los sujetos de las relaciones sociales los que con sus prácticas legitiman la existencia del Estado, en ese contexto las relaciones son la puesta en juego de subjetividades atravesadas por políticas y derechos, enmarcadas en una singularidad particular a través de las vicisitudes que construyen y las demandas que convocan desde donde el Estado y especialmente la escritura de las políticas creen interpretar.

El Estado según O´Donnell ( 1978) se presentará como la expresión de un interés de carácter más general que el de los sujetos sociales de cuya relación emana pero dicho interés lejos de ser neutral o igualitario, actúa como reproducción de las relaciones sociales cuyos engranajes funcionan de manera desigual y contradictoria. Esto nos lleva al interrogante de si las políticas representan a los sujetos que describen, pudiendo lograr una ficción que generé vivencias de acompañamiento estatal o si simplemente se presenta este aparato en lo social con políticas de carácter paliativo que se imponen como herramientas para construir igualdad de derechos pero que dejan, en la práctica, a los ciudadanos en cierta situación de desamparo durante el desarrollo de las mismas.

Allí donde se ha dicho que las relaciones sociales se generan, a través del Estado, como inherentemente contradictorias, se enfatiza que esta contradicción se enraíza en el punto de vista de los sujetos, en subjetividades que transcurren en la cotidianeidad de lo social, que perciben la participación del Estado en sus políticas pero que en la realización de las mismas aparecen vacíos de significación respecto a lo que pretenden reflejar.

Ahora, es innegable que el Estado es articulador y organizador de una sociedad, configurándose como "alguien" a través de  sus instituciones estatales, cuyo enfático peso genera el efecto de que el Estado sea vivido como "exterioridad" (O´Donnell, 1978).

En consecuencia, O´Donnell (1978) plantea que el Estado no se reduce a su objetivación en instituciones sino que también permite transparentar relaciones sociales típicas. El autor propone el ejemplo del contrato compraventa de fuerza de trabajo. Hecho que supone la igualdad formal de las partes bajo un carácter legal tipificado y que prescinde de las condiciones reales de cada uno. Así como resultado de dicha relación se materializan mercancías que se movilizan por la circulación del dinero, que en tanto tal actúa como equivalente genérico de las mercancías.

En efecto, todo sujeto deberá ser considerado en un plano de igualdad ante el dinero y donde su posesión permite el derecho al acceso a mercancías.

Citar este esquema que estructura la relación del trabajador/empleador, resulta necesario porque su carácter político se extrapola a otras cuestiones y permite evidenciar que todos los sujetos sociales son iguales porque poseen derechos y los derechos los hacen iguales frente al Estado.

En relación a esto, la coronación de lo antedicho se dio con el derecho racional-formal, cuyo nacimiento y expansión confluyeron con el capitalismo.

Así el derecho será la expresión mayormente formalizada del aporte del Estado a la sociedad capitalista pero también organizará el funcionamiento social y articulará la dominación. Este último aspecto se reduce emergiendo en la superficie de manera objetivada en instituciones, siendo ésta su modalidad típica de apariencia. Así las instituciones estatales serán para O´Donnell un fetiche.

> Emanación y a la vez encubrimiento de la contradictoria relación subyacente, el fetiche no aparece solamente como un poder ajeno. También es un determinante de la conciencia ordinaria: su modalidad de exteriorización tiende a regir una percepción del mundo social que es de por sí un encubrimiento de la realidad subyacente. (O´Donnell, 1978, p.12).

En este orden de cosas y como otra especificidad del capitalismo se presenta una aparente escisión entre sociedad y Estado, fundamentada en la existencia de un tercer sujeto social que presta un respaldo primariamente coactivo. Lo privado y lo público aparecerán como un paralelo a esta escisión. Las partes privadas representadas por los sujetos de la sociedad civil y encarnación de lo público, las instituciones estatales. Es responsable el derecho al ubicar a los sujetos sociales como entes privados frente a las instituciones estatales, instancias de lo público.

Con lo cual, puntuando el recorrido que se hace sobre el Estado capitalista, los sujetos quedan posicionados como agentes dentro de relaciones de producción limitadas por una racionalidad económica, siendo las instituciones estatales un contexto superior que media esa relación. Sujetos del derecho subsumidos bajo una lógica de lo aparente en la superficie, encuadrados en la esfera pública de un Estado fetichizado (O´ Donnell, 1978).

¿Ahora bien, qué esperan los sujetos del Estado, siendo la subjetividad el sostén de esa ficción normativa? Lo que se pretende esclarecer es que los derechos de los sujetos frente al Estado, deben ser pensados con un carácter extensible a los sujetos en su posición de sociales donde las políticas, en diferentes cuestiones que hacen a la multicausalidad de la "cuestión social", se presentan pero no alcanzan a la representación de esos sujetos inmersos en sus significaciones sobre sus problemáticas en lo cotidiano. Esto no deja de lado que toda política pueda ser fallida y que se vaya construyendo para dar respuestas más apropiadas a través del ensayo y el error. Pero su orientación da cuenta que ellas son las que marcan desde su poderío dónde está el verdadero problema social, haciendo obsoletas las voces, muchas veces, de los sujetos de esas políticas.

Si la recapitulación en su énfasis de insistencia es valedera, la premisa es que el Estado, o lo político, es parte intrínseca de la sociedad; la objetivación brotada del derecho permite el carácter de exterioridad aparente del Estado respecto a los sujetos sociales. Así, el Estado capitalista como fetiche se subsume en sus objetivaciones y se desvincula de su principal imbricación en la sociedad. Poniéndose en cuestión, que más allá de lo que las instituciones hagan o dejen de hacer, lo que convoca a interrogantes es si estas instituciones como objetivación del Estado expresan la condición inherentemente capitalista de éste (O ́Donnell, 1978). En este sentido, la manifestación del Estado y sus objetivaciones, bajo la apariencia de sus políticas como respuesta a la particularidad, presta y presenta una orientación hacia la crisis de representación que se puede generar en relación a los sujetos involucrados en ella.

La crisis vendrá a significar percepciones de que algo no funciona como debería y que deberá existir una institución estatal encargada de su solución. (O ́Donnell, 1978). Políticamente la crisis se posiciona como ruptura del orden y de un orden.

Del orden como funcionamiento de la sociedad, del que todo el engranaje debe retroalimentarse y generar progreso social; de un orden, ya que remite a una singularidad específica, haciendo alusión a que algo del eslabón de ese engranaje aparece como obstruido, en la práctica y como metáfora, no permitiendo que el sistema funcione, de allí la crisis.

Según O ́Donnell (1978), desde esta perspectiva, para que las instituciones del Estado sean convocadas, alguien deberá plantearlas desde afuera o desde adentro de ellas, puesto que en la conciencia de los sujetos estas cuestiones están lejos de hallarse, ya que a veces el sólo hecho de la existencia de políticas en torno a una problemática, puede generar la ficción de que dichos problemas están superados o que todo de lo que se deben ocupar las instituciones estatales se halla incluido en la agenda pública.

## El Estado como ordenamiento normativo-simbólico

Norbert Lechner (1981) argumenta que a la hora de investigar al Estado y la política prevalece un reduccionismo cognitivo-instrumental, cuya racionalidad encuadra relaciones de causalidad y aplicabilidad práctica. Derivando en formas de *hacer política* que apuntan a organizar la vida social de manera tal que permitan una manipulación técnico-funcional.

Ahora bien, una de las dimensiones que organiza la política es la dimensión normativo-simbólica de la praxis. Normas morales e imágenes colectivas constituyen a la sociedad, normas y símbolos que permiten la producción y reproducción del devenir social. Según Lechner (1981), "Tal ordenamiento constitutivo de la vida social es realizado en el capitalismo primordialmente por medio del Estado" (p. 80).

Bajo este imaginario, el Estado representa a la sociedad, representación simbólica del conjunto del proceso social. Reconociéndose  de esta manera la sociedad capitalista en sí misma a través del Estado, donde la diversidad de lo social será unificada por su presencia. Este aspecto guarda concordancia con las conjeturas hechas por O'Donnell (1978), donde la constitución del Estado brota de las relaciones sociales y a su vez las constituye.

Lechner (1981) propone que lo específico de la política radicará por una parte, en la constitución de los sujetos y por la otra, en la transformación del poder en orden. Respecto a lo primero, basándose en teorizaciones de Laclau y Althusser, expondrá que los sujetos se constituyen junto con la invocación, verbal y no verbal, de un sentido. Así, entre sujeto y sentido existe reciprocidad. Ubicando toda práctica como significante que cristaliza significados inherentes a las prácticas sociales y en esa interpelación de un *sentido común* se constituyen los sujetos. Los sentidos convergen y divergen en la medida que esas prácticas se hagan y se deshagan, y generen nuevos sentidos. Siendo en esa plétora de articulaciones la construcción de los sujetos. A causa de ello el autor propone que para abordar la política, su estudio debería estar dado principalmente como la lucha de variadas "invocaciones/articulaciones de sentidos a través de las cuales se descomponen y recomponen los sujetos" (p. 92), de modo que según la complejidad de las articulaciones estarán dadas las formas y transformaciones de los sujetos.

Al respecto, la política se posiciona así como lucha por articular diferentes significados, bajo la consideración que el conjunto de diferentes conexiones determina cada momento de la vida social.

En la minuciosidad del pensamiento de Lechner (1981), se interroga si la articulación que constituye a los sujetos no debería ser supuesta como un proceso de distinción, es decir, de límites instaurados entre yo, nosotros, ellos. De la determinación de las divisiones en la sociedad dependerá el todo social necesario para regular el espacio y tiempo social de la vida humana. De ello resulta la asociación con el otro proceso específicamente político, la transformación de poder en orden.

Pues bien, tanto la invocación de sentido como las recepciones de las interpelaciones que promueve se hallan inscritas en condiciones histórico-sociales determinadas, más allá de las comunicaciones verbales, la invocación de significado ocurre también de manera fáctica y no consciente; dependiendo del contexto cultural su interpretación. Generar mitos, tabúes, ceremonias rituales, sacrificio, son formas de organizar relaciones de poder en orden; constituyéndose en creencias y prácticas que encauzan la construcción y clasificación social de la realidad (Lechner, 1981).

A raíz de esto, la *vida cotidiana* guarda una importancia política, siendo en la interpelación donde se debe encontrar un sentido a las condiciones de vida, allí radica el sentido común de los mismos. De no anclar esas actividades en lo cotidiano bajo efectos de sentido se cae en lo que Gramsci llama *crisis de representación* (Lechner, 1981). Las experiencias de los sujetos que determinan su constitución requieren de su inserción en lo cotidiano y un orden general. Sin la presencia del Estado dicha constitución resulta incomprensible, ya que de su arquitectura depende que los sujetos se reconozcan entre sí y en su particularidad. Y así el Estado sólo *es* por referencia a la diversidad de la particularidad de los sujetos.

En consonancia con ello, la síntesis que realiza la sociedad bajo la forma de Estado debe superar el encuadre instrumentista cargado de reduccionismo cognitivo. El Estado como una relación simbólica no puede limitarse a la materialidad de las instituciones estatales. En este sentido, como sugiere Lechner (1981), el tiempo social está marcado por la muerte, lo que establece discontinuidad entre los individuos, donde el poder significa continuidad, memoria, cierta construcción de inmortalidad que permite sobreponerse a la singularidad biológica y a la futilidad individual.

En este contexto, el Estado se presenta así como una manera de regular la relación vida y muerte. Se trata de la inclusión y exclusión en un espacio social: quién es miembro de la sociedad y cuál es su lugar. Los hombres a su vez que separados entre sí están interrelacionados y el proceso social requiere regular los límites y establecer los umbrales. El Estado clasifica así las relaciones sociales hacia afuera y hacia adentro; en aquella incluye la naturaleza externa; en ésta, se refiere a la naturaleza interior del hombre.

Lechner (1981) propondrá así que en el Estado se presenta una naturaleza *físicamente metafísica* proveniente de un doble proceso: subjetivación del sentido del orden social bajo la forma del Estado y la cosificación de los hombres que se someten al sentido objetivado como a un sujeto dotado de vida propia. En este sentido, asoma una evocación a O´Donnell (1978) cuando se refería al Estado como Fetiche que tiende a apoyarse en la formalización de relaciones sociales, en la cual los hombres se distinguen entre sí y se comunican.

Considerar estas cuestiones, puntualiza una vinculación entre política y ciudadanía, vertebrando el aparato estatal en ese entrecruzamiento de nociones. Bajo esos lineamientos se emprenderá el siguiente recorrido.

# Capítulo II
# La política como interrogante

## Los hombres como hacedores de la Política

Destacando el papel de la política en el Estado y llevándolo al interrogante de *¿qué significa hacer Política?* (Lechner, 1982), dicho interrogante no amerita una respuesta unívoca, ya que todo hombre hace política pero dándole una significación distinta según el lugar y la condición de la que provenga. Por tanto, junto a las condiciones sociales de vida cambia también la política. Pero según el autor no debe perderse de vista que en la búsqueda por definir lo qué es la Política se estaría descartando un problema aún más clave: ¿qué llega a ser política en nuestras sociedades?

Se destaca que la sociabilidad humana es una creación deliberada en la que su producción y reproducción van adquiriendo un semblante político en la medida que se presenta en lo público pero siempre bajo un orden compartido, realizándose en un sentimiento colectivo, sentimiento de afirmar una *continuidad*. (Lechner, 1982). Por tal deseo existe la tentación de racionalizar los procesos sociales, proyectándolos como sistemas, lo que no significa negar que existan instituciones políticas.

Por otra parte y en relación a lo anterior, se evidencian experiencias en una envoltura de *discontinuidad*. Bajo esta aproximación, la vida excede en su realidad, a la construcción social, sobrepasando los bordes de las formas sociales de convivencia (Lechner 1982). La no cuantificación de un monto de realidad innombrable que debe ser tarea de la política ligar bajo la enunciación de sentido. "Búsqueda de continuidad mediante un orden significativo, pero un orden siempre problemático frente a la discontinuidad de la vida" (p. 211). Frente a esta tendencia se pondrá a juego la creatividad política, ya sea considerándola en un flujo constante de transformación, ya sea bajo una determinación estructural.

Los hombres junto con sus circunstancias se forman a través de un proceso de búsqueda, de la misma manera que desde el reverso del discurso político no se puede deducir la realidad social subyacente. Enfatiza Lechner (1982) que sería más fructífero enfocar la política como un proceso *coconstitutivo* de lo social, reconociendo la continuidad del ser social en tanto orden que junto con otros discursos, participa del ordenamiento de las conductas en las relaciones sociales, no pudiendo separarse de lo que delimitamos como sociedad.

Así, el hacer de la política se halla implicado en un contexto diferenciado y adquiere una significación determinada que carece de objetividad, ya que la realidad entendida como espacio social no obedece a reglas generales. Por tanto, cada grupo social dotará de una significación a las prácticas políticas que dependerá de la interpretación que consideran es la realidad social.

En consecuencia, la conducta individual de los hombres está guiada por un ideal normativo que elabora cada grupo social. Este aspecto rescata que la identidad de un grupo nunca es referencial así misma ya que implica el proceso de reconocer lo propio a través de lo ajeno. En esta perspectiva la significación de una práctica política se afirma por la negación de otras significaciones. Se significa por oposición a otras significaciones. Se destaca esto como central ya que advierte que los sujetos de la política pueden significar de distinta manera aquello donde la política cree abordar sus necesidades.

Ni el desarrollo económico ni la revolución funcionan como referentes que ayuden a situarnos en el mundo. No hay un "sentido de la historia" que respalde y garantice la significación de nuestra acción política. Esta será siempre revocable por un sentido abierto. Sin poder volver atrás ni huir hacia adelante, revaloramos el presente. El presente (y sus consecuencias) exige una conciencia de responsabilidad que nutre un nuevo realismo. Es un realismo crítico del presente. (Lechner, 1982, p. 212).

Elaborar una nueva significación del quehacer político reconociendo la diversidad de significaciones no constituye tarea fácil pero forma parte de ese realismo crítico del que habla Lechner (1982).

La relación del Estado con la Política convoca también su articulación con la concepción de Ciudadanía, ya que hacer política posiblemente se vincule, o no, con la construcción de derechos y el hacer de ello un derecho en su ejercicio.

## La Ciudadanía como atributo político

Para O 'Donnell (1978) el Estado Capitalista es la primera forma de dominación política vuelta en sus fundamentos sobre la igualdad de todos los sujetos en su territorio. Sujetos que son ciudadanos, siendo en consecuencia el Estado Capitalista un Estado de ciudadanos. Para el autor, ciudadano será aquel que tiene derecho a cumplir acciones que son el resultado en la constitución del poder de las instituciones estatales como también en la elección de los gobernantes que pueden movilizar los recursos de dichas instituciones y pedir obediencia, con la facultad de acudir a procedimientos jurídicos establecidos en el amparo contra intromisiones que considera arbitrarias.

Así, ciudadanía y capitalismo guardan una estrecha relación puesto que históricamente se han desplegado juntas. Ciudadano que guarda correspondencia directa con el sujeto jurídico capaz de contraer libremente obligaciones.

En ese orden de cosas, la postulación de una igualdad abstracta sería el fundamento principal del Estado y en este sentido la ciudadanía sería la negación de la dominación en la sociedad. Enfatiza O 'Donnell (1978) que "la ciudadanía es la máxima abstracción posible en el plano de lo político" (p. 23), donde todos los sujetos concurren a la formación del poder estatal materializado en derechos e instituciones.

Se observa matizada la cuestión nombrada en otro lado, donde los sujetos sostienen el poder estatal en el entrecruzamiento del Estado como garantía de las relaciones sociales, relaciones que constituyen la lógica estatal y que a su vez se genera en dichas relaciones. Parte del poder del que se dotan las instituciones estatales es en la medida en que existe una coparticipación en la formación de la voluntad expresada desde esas instituciones (O'Donnell, 1978). La ciudadanía es el fundamento que proporciona adecuación debido a su modalidad abstracta de mediación entre el Estado y la sociedad. Pero paradójicamente la ciudadanía no puede pensarse como un referente del Estado porque el accionar de las instituciones estatales debe estar referido a un interés general que no puede estar basado en la figura abstracta del ciudadano. En consecuencia, la ciudadanía se presentará como fundamento igualitario del Estado y éste corporizado en sus instituciones no puede en su accionar omitir o impactar en determinada esfera concreta habitualmente perceptible como tal (O 'Donnell, 1978). Cristalizada la ciudadanía, bajo este recorrido, es un atributo de pertenencia a la comunidad política y allí una igualdad

abstracta como fundamento; no obstante ratifica la apariencia que emerge en la sociedad capitalista de un Estado que
condensa las relaciones bajo ciertas creencias.

Por su parte Nora Aquín (2003) puntualiza al respecto,
básicamente refiriéndose a la ciudadanía en el plano político, ya que alude a otros dos planos que son el jurídico y el
sociológico. Según la autora, en el plano político la ciudadanía hace referencia a la participación en asuntos atinentes
a la comunidad política en dos vertientes: la participación
en la vida pública y el conjunto de responsabilidades derivadas de la pertenencia a dicha comunidad política. Siendo
los derechos reafirmados en el contexto de la participación
política.

Aquín enfatiza aportes de Bobbio, Nun y O´Donnell al
preguntarse sobre la densidad real de la igualdad de condiciones ciudadanas para la participación política. Respecto
a Bobbio cita que su argumentación sobre desigualdades
reales de ciudadanía política es debido a:

> "la exclusión de sectores de
> la población del derecho a repre-
> sentar intereses colectivos en la
> esfera pública, la homogeneidad
> creciente de las ofertas políticas,
> las condiciones sociales de vastos
> sectores de población, que afectan
> su autonomía de elección, y la re-
> ducción de las cuestiones que se
> someten a la elección". (Aquín,
> 2003, p. 17).

La autora reflexiona sobre estudiosos del tema, en cuanto a Nun menciona que "sostiene que si no hay condiciones
mínimas de ciudadanía social, hablar de ciudadanía política
es muy engañoso. Recuerda que ya los clásicos afirmaban
como lo hacen Jefferson o Tocqueville- que la participación depende de la autonomía" (p. 18). Y al exponer lo que

versa sobre O´Donnell, comenta "sostiene que la completa
universalización de la ciudadanía es un ideal al que las democracias realmente existentes se aproximan en mayor o
menor medida" (Aquín, 2003, p. 18).

Con lo cual, no se puede suponer una ciudadanía política sin umbrales mínimos de ciudadanía social que son
capaces de proporcionar una vida digna. Lo que está plena-
mente relacionado con lo que se manifestaba anteriormente
sobre el acompañamiento del Estado en lo atinente a la subjetividad de los ciudadanos en el tema que aquí atañe, ya
que poseen participación política desde las políticas públicas pero su participación social, en la cual está involucrada
la concepción de vida digna, no se expresa como ideal.

Retomando la idea sobre ciudadanía política, el clásico
ensayo de Marshall (1998) en el que trabaja, entre otras
cuestiones esta noción, plantea la existencia de  una especie de igualdad humana asociada con el concepto de formar parte plena de la ciudadanía pero aclara que ello no
es inconsistente con las desigualdades presentadas en los
variados niveles de la sociedad. "La desigualdad del sistema de clases puede ser aceptada siempre que se reconozca
la igualdad de la ciudadanía" (p. 19).

Desde estas apreciaciones se desprende que la ciudadanía es una condición otorgada a los miembros de una
comunidad, todos aquellos poseedores de esa condición
tienen el carácter de iguales en derechos y deberes, no obstante no existe ningún principio universal que determine
cuáles son esos derechos y deberes pero en las sociedades
donde se gesta la ciudadanía como institución, se plantea
un ideal con el cual medir el logro y hacia dónde deben
dirigirse las aspiraciones de los ciudadanos. El camino así
trazado tiende a generar un impulso hacia la medida más
plena de la igualdad. Por otra parte, la clase social se presenta como un sistema de desigualdad, que también puede
basarse en un conjunto de ideales que  se deben alcanzar.
Según Marshall (1998) es necesario plantear dos tipos de

clase; el primero está basado en una jerarquía de condición, donde la sociedad se divide en números de especies humanas hereditarias distintas, por ejemplo, patricios, plebeyos, siervos, esclavos. La institución clase pasa a ser una institución por derecho propio, donde toda la estructura tiene el sentido de un plan, aceptándose como un orden natural.

El segundo tipo es un subproducto de otras instituciones, aquí las clases sociales surgen de la interrelación de una variedad de factores relacionados con instituciones tales como la propiedad, la educación y la estructura económica nacional.

Así, el autor advierte que la última parte del siglo XIX estuvo movilizada por un interés creciente en la igualdad como principio de justicia social, donde la concepción del valor social igualitario adquiere protagonismo. Si bien a finales del siglo XIX la ciudadanía hizo poco por reducir la desigualdad social, colaboró en el camino a las políticas igualitarias del siglo XX. Ello tuvo un efecto integrador, ya que la posibilidad de una ciudadanía requiere de un sentido de pertenencia a la comunidad basado en la lealtad a una civilización, sentida como una posesión común. Los hombres son considerados libres, dotados de derechos y protegidos por una ley común (Marshall, 1998).

En su recapitulación Marshall (1998) enfatiza tener en cuenta que los derechos civiles dotaban de poderes legales pero que los mismos se veían limitados por el prejuicio de clase y la falta de oportunidad económica. Por su parte los derechos políticos daban un poder potencial y en cuyo ejercicio demandaba experiencia y un cambio de idea en cuanto a las funciones apropiadas del gobierno. En un plano más restringido estaban los derechos sociales, hallándose entrelazados con el tejido de la ciudadanía. No obstante, el final del siglo XIX trajo grandes cambios que posibilitaron el progreso de la ciudadanía, difundiendo la integración social; sectores de la vida civilizada se pusieron al alcance de muchos, disminuyendo la desigualdad al menos respecto a los elementos esenciales del bienestar social.

Lo verdaderamente fundamental es que hay un enriquecimiento general de la sustancia de vida social civilizada, antes mencionada, reducción del riesgo y la inseguridad; tendiendo hacia una igualación no tanto entre las clases como sí entre los individuos dentro de una población, donde la igualdad de condición es más importante que la igualdad de ingreso.

## Democracia y Estado de derecho

Anteriormente se mencionó que la ciudadanía guarda correspondencia directa con el sujeto jurídico que es capaz de contraer libremente obligaciones. Para ello según O'Donnell (2007), se requiere de un "Estado de derecho genuinamente democrático" (p. 170) que posibilite la garantía de los derechos políticos, las libertades civiles y los mecanismos de *accountability* que resguarden la igualdad política de los ciudadanos, evitando el abuso de poder estatal y privado.

Cabe aquí necesariamente la salvedad que la referencia al *Estado de derecho* sitúa una concepción originaria y restringida de dicha noción, desarrollada originalmente en Prusia bajo la búsqueda de gobiernos que apuntaban legalizar su dominación pero que no aspiraban a ser democráticos. Se figura bajo esa noción la igualdad formal en dos sentidos: por un lado la igualdad es establecida a través de normas legales, residiendo su validez en que fueron sancionadas con procedimientos cuidadosamente establecidos; por otro lado, los derechos y obligaciones poseen un carácter universalista, rigiendo para cualquier individuo, no interfiriendo su posición social. Únicamente se deberá poseer mayoría de edad desde un marco legal y no hallarse inhabilitado (O'Donnell, 2007).

De lo anterior se desprende que el planteo de pensar la democracia, los derechos y obligaciones que ella conlleva como pertenecientes a una ciudadanía política son atributos de derechos civiles, dentro de obligaciones más generales que corresponden a sujetos políticos miembros de una sociedad. Así en la relación democracia y Estado, al adjudicar una diversidad de derechos a los ciudadanos, la democracia los construye como agentes que portan *derechos subjetivos asignados* universalizados (O´Donnell, 2007).

Un marco legal encuadrado en normas constitucionales posibilita que los ciudadanos puedan ejercer libremente decisiones electorales, originando y justificando el poder sobre el que descansa la autoridad del Estado. Siendo en consecuencia la democracia, del pueblo y para el pueblo según O´Donnell (2007). Es así que en la ciudadanía política se hace eco de individuos con derechos que se fundan en la legalidad de un Estado democrático que basa su accionar en la ponderación y respeto de percibir a los sujetos como iguales.

Ahora bien, un interrogante que plantea para O´Donnell, (2007) la cuestión de la relación entre ciudadanía y Estado respecto a la democracia es que en las burocracias del Estado los individuos se encuentran, muchas veces, en situaciones de aguda desigualdad, afectados entre otras cosas por extrema pobreza, indiferencia institucional o problemas de representación. En este punto se juega el análisis de la dimensión de la calidad de la democracia.

## Malestar de representación: crisis ciudadana y democrática

Lo antedicho, conlleva el planteo de que la democracia padece de malestar, un malestar propio basado en sus instituciones políticas y realidad social.

Carlo Galli (2013), planteará que ese malestar es doble, ya que por un lado es subjetivo, en el sentido de que los sujetos deben considerarse ciudadanos. Posición que los ubica en una desafectación expresada en una indiferencia cotidiana que refleja una aceptación sumisa y acrítica por

los presupuestos complejos que puedan derivar de la democracia. Subjetividad coloreada por rabia o resignación
que según el autor podría tener su raíz en el hecho de que la
política como la sociedad sean percibidas más o menos lejanas a la democracia, pero no limitando que ésta continúe
"de todos modos de manera indiscutible en el léxico político como si estuviera dotada de un derecho casi natural,
como si fuese un destino" (p. 10).

En el mismo sentido, la otra parte de este malestar se
refiere a lo objetivo, lo estructural. La inadecuación de las
instituciones democráticas para mantener sus promesas
de estar a la altura de objetivos humanísticos, otorgando
a todos igualdad en la libertad, derechos y dignidad, es lo
que hace que muchas veces los presupuestos valorativos
de la democracia sean cuestionados en sus reglas e instituciones. Y que aún estando estas condiciones, suele resultar
decepcionante para un número cada vez mayor de personas. Puesto que las instituciones encargadas de representar
cada vez se hacen cargo con menor frecuencia de la política
real, manifestada en flujos de poder bajo modalidades que
suelen tener poco de democrático y una direccionalidad
marcada por ciertos intereses. No obstante, esto no implica
decir que la democracia se ha extinguido ni mucho menos
vaya a hacerlo (Galli, 2013).

Por su parte, según Carlos Cullen (2007), en la memoria
histórica la concepción de ciudadanía se presenta como un
intento de reducir el malestar que parece generar la vida en
sociedad. Se presenta como la condición de bienestar que
regulará la convivencia bajo normas y leyes que tenderán a
la enseñanza del bien que se pretende garantice la vigencia
de los derechos.

No obstante, según Cullen (2007) parecería que hoy la
condición de ciudadanos se escurre, ya que no manifiesta
estar presente el bienestar en relación a la pertenencia a
un grupo social determinado. En este sentido, la apertura

de la sociedad hace que por ella circulen identidades fragmentadas y dispersas en múltiples referentes que modifica la ingeniería original de lo que se entiende por ciudadanía y lleva a una desorientación producto de la polisemia en la que se escribe esa categoría política, condicionando el intercambio social bajo la lógica del mercado y corriendo el riesgo de convertirlo en mercancía, ya que la igualdad de los derechos para todos suele promover en dicho sentido, que muchos individuos queden excluidos a su ejercicio.

En este orden de cosas, considerar una democracia representativa en la que los sujetos tengan participación y que mediante la saturación de ese discurso se lleve a la puesta de un velo que reduzca la noción de ciudadanía a la condición de meros consumidores de derechos y no de la acción de una práctica ciudadana, significada por los que la vivencian y escuchada difusamente por las instituciones que permiten que se lleve a cabo; supone en consecuencia, la distancia entre los derechos reconocidos y su vigencia efectiva vacía, reflejo del agotamiento de un discurso que se proclama pero que no se retroalimenta, aboliendo el efecto sobre el sujeto que las políticas desean generar (Cullen, 2007).

Siguiendo esta corriente de pensamiento y estableciendo que aquí no se está diciendo que la democracia no sea la mejor condición para vivir en sociedad, sino que como en todo conjunto social siempre la tensión traducirá conflictos que en parte dan cuenta de que la sociedad se moviliza y se significa a sí misma; lo que se esboza es que  parecería que el malestar de la democracia, desde lo objetivo, sugiere en que no se adecua para regular y dar forma a la política del mundo actual y en lo que respecta a lo subjetivo, se marcan sensaciones proclives a la indiferencia e irritación. No siendo el ánimo de caer en determinismos, es válida la aclaración que ello dependerá de la singularidad del sujeto que la vivencie.

Como emergente de este recorrido, que la insatisfacción asociada a la democracia habilita la sospecha de que no existen alternativas más que la desorientación que conlleva un estado poco productivo en lugar de una dialéctica entre las instituciones y los sujeto, dialéctica que debe estar al servicio del progreso social y no generando la paradoja que por el simple hecho de vivir en democracia el progreso ya esté dado.

Ahora, ¿cómo aspirar a este progreso? Sin duda la respuesta no puede darse por cerrada y acabada porque esto implicaría considerar a las instituciones democráticas y a las políticas que las constituyen como estáticas, perdiendo de vista los avatares que implica su puesta en juego en lo social. No obstante, pensar que bajo el ropaje de la ciudadanía hay subjetividades que afectan la lectura de las políticas derivadas de las instituciones que efectivizan sus derechos como parte de los derechos civiles que poseen, es una categoría interesante para poner en cuestión el interrogante antes mencionado.

# Capítulo III
# La subjetividad como política de la palabra

## La subjetividad como sostén político

Considerar lo que venimos plasmando en el recorrido de una arquitectura teórica que versa sobre los distintos aspectos que se comprometen a la hora de pensar al Estado, la Política, la Ciudadanía, todos en algún punto evocan la noción de la Subjetividad como soporte de las conjeturas políticas sobre lo social. Es así que se vuelve necesaria una articulación posible entre la política y la subjetividad, entre los sujetos políticos y las subjetividades sociales. Resultan esclarecedores los aportes psicoanalíticos de Silvia Bleichmar (2007) que rescatan una tradición freudiana, que lejos de ser únicamente una ciencia relegada al ámbito clínico, se posiciona como un sistema teórico humanista, crítico, autónomo y solidario que permite dar cuenta de la subjetividad de un sujeto situado en una cultura determinada y sus crisis.

Bleichmar (2007) considera el hecho de que los seres humanos siendo seres destinados a humanizarse dentro de una cultura, se encuentran con algo ineludible en la constitución de los mismos: la presencia del semejante, del otro como algo inherente a su organización.

Ese otro que no únicamente alimenta sino que también transmite el amor y el odio, preferencias morales y valoraciones ideológicas. Así, este semejante se inscribe como algo inevitable. En otras palabras, esa presencia alude primeramente a la madre que no sólo provee de cuidados, sino que está transmitiendo cultura, cultura de una sociedad determinada, sujeta a un sistema estatal.

Para Bleichmar (2007), en el recién nacido no hay posibilidad de subsistencia en la medida que otro no lo acuda para paliar su desprotección, otro que tendrá un carácter de infinitud puesto que podrá sostenerlo y cuidarlo en su indefensión hasta que un manejo autónomo aparezca por parte del niño.

En consecuencia, el contrato intersubjetivo no fija derechos sino que limita obligaciones infinitas respecto al semejante. Por tanto, funda la esperanza de que nuevas formas de recomposición de vínculos de solidaridad sean posibles en el marco de una orfandad que suele aquejar (Bleichmar, 2007). Y que no es otra que allí donde el Estado a través de sus instituciones no puede llegar a los sujetos de la sociedad.

Nótese la sugerencia al malestar de la ciudadanía trabajado más arriba según los aportes de Galli (2013) y Cullen (2007).

Por su parte, la autora expone la noción de *malestar sobrante,* haciendo referencia a esa cuota extra que se debe pagar en tanto somos sujetos éticamente comprometidos, atravesados por ciertos valores que aluden a la categoría general del semejante en el sentido de disfrutar de beneficios que se convierten en privilegios ante carencias, desigualdad o simplemente falta de representación por parte del Estado.

Este malestar está posibilitado por profundas mutaciones históricas que deja a cada sujeto social despojado de un proyecto trascendente que le permita vislumbrar una disminución del malestar, proyecto presente como posible garantía de que algún día dicho malestar cesará y el bienestar será alcanzado. Pero no debe dejarse de lado que ese recorrido es posible en la medida que se puedan remediar las incertidumbres del presente (Bleichmar 2007).

El impacto tópico de la norma es así posible ya que resulta de que todo sujeto en su constitución está atravesado por el otro, posicionándolo en una ética universalista donde todo individuo que se reconoce como humano está reconociendo la humanidad de los demás, definida como el reflejo de sí mismo en todos los hombres, reflejo de nosotros fuera de nosotros. Estas motivaciones morales, son políticas que permiten la convivencia dotando de un estatuto ético a la igualdad entre los sujetos y que también poseen las raíces simbólicas de las necesidades y su cualificación. En este sentido la autora expresa que:

> Los intereses de la vida, vicariados, transcriptos a un registro cultural, ponen en el corazón del narcisismo, en el núcleo del ser, representaciones que toman a su cargo la autoconservación bajo los modos culturales que satisfacen no sólo las necesidades vitales sino los modos mismos de supervivencia simbólica de lo humano. (Bleichmar, 2007, p. 14).

Conjeturas que si bien versan sobre la constitución subjetiva y el impacto de los otros en esa constitución, desplegada a otra mirada da cuenta que esa humanidad está sostenida por la presencia del Estado en el sentido de que este reconocimiento ético universalista se figura en la adquisición de derechos, en el reconocimiento de necesidades y su cualificación, es decir, en la medida y bajo la posibilidad de empezar a nombrarlas, empezar a ser escuchadas.

Así, no solamente las necesidades vitales y materiales deben ser paliadas por una cultura sino que la supervivencia simbólica con los semejantes devendrá en razones morales de la solidaridad; el Estado en ello debe ser incondicional y el contexto de la ciudadanía, necesario.

Bleichmar (2004), sugerirá que toda subjetividad está expuesta a riesgos, una *subjetividad en riesgo* implica considerar los efectos a los que se ve confrontado el psiquismo humano, debido a transformaciones originadas por los cambios históricos de representación a través de los cuales cada sociedad determina aquello que considera necesario para la conformación de sujetos aptos en el despliegue de su interior. En este avatar de lo histórico es que la autora sugiere que la subjetividad no es, ni puede ser un concepto nuclear en Psicoanálisis, lo que no quiere decir que sobre esta superficie se desenvuelva la práctica del psicoanálisis, ya que esta noción referente a lo anímico de cada individuo se presenta como "el modo con el cual el centramiento que posibilita la defensa de los aspectos desintegrativos del inconsciente opera" (Bleichmar 2004, p. 80).

La subjetividad, reflexionará la misma autora, como categoría filosófica hace alusión a aquello que remite al sujeto pero también desde otras disciplinas como la psicología, designa a un individuo que es a la vez observador de los otros, y que remite específicamente al plano del lenguaje, da cuenta de "una partícula de discurso a la cual puede remitirse un predicado o un atributo" (p. 81). En definitiva, la subjetividad como propia del sujeto pensante, conlleva inherentemente, condiciones que posibilitan el ordenamiento espacio-temporal del mundo, siendo volcado a una intencionalidad exterior. Como agregado, estas condiciones estarán potenciadas por la presencia de un Estado que las unifique.

Otra cuestión que destaca la autora es que las relaciones sociales tienen la función de producción de subjetividad, esto es, son las relaciones sociales en ciertas épocas históricas las que operan en los sistemas representacionales que se articulan en el psiquismo de cada sujeto. A través de ello la producción de subjetividad actuará como un componente central en la civilización, regulada por la concentración

de poder que configurará la definición del tipo de individuo necesario para la conservación del sistema como a sí
mismo (Bleichmar, 2004). No obstante, de la contradicción
surgirá la novedad.

> Sin embargo, en sus contradic-
> ciones, en sus huecos, en sus fil-
> traciones anida la posibilidad de
> nuevas subjetividades. Pero éstas
> no pueden establecerse sino sobre
> nuevos modelos discursivos, so-
> bre nuevas formas de re-definir la
> relación del sujeto singular con la
> sociedad en la cual se inserta y a
> la cual quiere de un modo u otro
> modificar. (Bleichmar, 2004, p.
> 84).

Se cristaliza, la convocatoria latente a la presencia del
Estado, y junto a él todas las categorías que se vienen nom-
brando, que serán el andamiaje necesario para el devenir
de una sociedad pero también el pivote que deberá permitir
y percibir en las transformaciones sociales el anuncio de
nuevas subjetividades en el cruce de representaciones que
muchas veces no son nombradas como las demandas de
quienes las viven. Habrá que tener en cuenta esto ya que
parte de la organización psíquica de un sujeto y su estabilidad subjetiva serán dependientes de un contexto socio-
político-cultural donde su máximo exponente se figura en
el aparato estatal. De no ser así, los puntos ciegos donde
no puede llegar el Estado dependerán de un conglomerado
de factores sin que por ello limite a pensar críticamente
su papel de organizador social; la des-subjetivación puede
ser consecuencia de un Estado que en su accionar, muchas
veces, vulnera a los sujetos.

## Entre la contingencia y el agotamiento

¿Se puede pensar la contingencia y el agotamiento como cualidades que actúan como lastre de las instituciones que componen el Estado, allí donde no puede pesquisar los cambios en una sociedad o las subjetividades a las que convocan?, ¿Serán estas cuestiones las que pronuncian en algún lugar de este trabajo, las formas de graficar el pase, o la pérdida de vigencia, si se quiere, del ciudadano al consumidor?

Para Ignacio Lewkowicz (2012), los cambios son evidentes pero no suele estar claro qué es lo que cambia y en qué planos. Estos núcleos problemáticos que se le presentan los asocia a dos transformaciones paralelas. Una, la conversión de los Estado-nación en técnicos-administrativos; la otra, la emergencia simultánea del ciudadano en consumidor, figura que viene a mostrar otro lado del *contrato social*.

Según las apreciaciones del autor la sustancia del Estado ya no gira sobre los dogmas que establecen declaraciones, derechos y garantías de los habitantes de la nación, parecería que hoy la regla fundamental del Estado es su autorreproducción bajo la operatoria de un puro funcionar. Así la legitimación ya no procedería de la representación "sino del propio ejercicio de la periodicidad práctica de su renovación" (p. 23).

Lewkowicz (2012), llama la atención sobre el artículo 42 de la Constitución Nacional, posicionado bajo la sección de nuevos derechos y garantías, donde aparece una nueva figura con rasgos constitucionales, la del consumidor. Así en el contrato que es nuestra Constitución, no está sólo el fundamento de los ciudadanos sino el de los consumidores. Sin embargo, advierte el autor, no se dice que todos los habitantes gozan de estos derechos y garantías como tampoco se nombra que son consumidores. Escuetamente se destaca que son derechos de los consumidores.

Quizá sea la nueva definición de ciudadano o del soporte subjetivo en pertinencia al funcionamiento estatal que prescinde de la nación para legitimarse en su propia regla operatoria (Lewkowicz, 2012). Esta aparición denota una mutación decisiva, ya que hay un pasaje del no ser al ser constitucional que cualitativamente se cimienta en la subjetividad que sostiene al Estado compitiendo con el viejo pueblo cuya composición era de ciudadanos. "El ciudadano ya no dispone del monopolio de los derechos, ya no es el fundamento homogéneo de nuestro ser en común" (p. 24).

Si se destaca que el papel de lo subjetivo soporta al Estado, lo hace bajo la particularidad de que ya no podemos pensar que hoy el único soporte que posea el Estado sea el de ciudadano sino que ha ganado territorio, quizá quitándoselo al ciudadano, la presencia del consumidor.

En este orden de cosas, Lewkowicz (2012) manifiesta que estamos "ante el agotamiento práctico de un modelo de lazo social" (p. 25) y su causante pareciera ser que el texto que sostiene dicho lazo se está agotando de ficciones.

Las ficciones serán entendidas como un síntoma social y no como un progreso epistemológico. A través de ellas, conjetura Lewkowicz (2012), se denominan entidades discursivas que organizan y permiten consistencia al lazo social. Así el medio en el que transcurre la experiencia estará hecho de ficciones.

Lewkowicz (2012), propondrá hablar de ficciones *verdaderas* haciendo referencia a las ficciones activas y de *ficticias* a las que se han agotado, aclarando que no son ni verdaderas o falsas, sino que funcionan como verdaderas o falsas. Entendiendo que alguna vez las verdaderas se agotaran y  serán llamadas falsas.

Según aclara el autor, pareciera que todo se juega en la victoria precaria de una ficción, ya que la única consistencia es discursiva puesto que precisamente las ficciones son eso, consistencia discursiva de un lazo precario, habitado como verdadero cuando todavía no ha mostrado su imposible.

En la especificidad del caso, se denota que queda desinvestida la ficción del ciudadano y se presenta como agotada. Pudiendo aparecer este proceso traducido en los sujetos sociales en el malestar de no sentirse representados por un Estado que se basa en la igualdad  hacia todos, ya que inviste otra ficción que aún no es discernible pero que genera la percepción de vaciamiento de dicho Estado.

Estar al frente de un agotamiento práctico de un modelo de lazo y ello debido a que dicho lazo es producto de un agotamiento de ficciones, enfatiza que por mucho tiempo el sostén del lazo social se enraizó en la figura del ciudadano, que según Lewkowicz (2012) amerita ser nombrado categóricamente como sujeto de la conciencia, de la política, de la conciencia moral, jurídica, en definitiva, sujeto de la conciencia nacional.

> El ciudadano es el sujeto instituido por las prácticas propias de los Estados nacionales: escolares, electorales, de comunicación. Desde estas prácticas se constituye el elemento que constituye el lazo. El ciudadano, entonces, se establece como el soporte subjetivo de los Estados nacionales. El Estado se apoya sobre la nación que se apoya sobre los ciudadanos. (Lewkowicz, 2012, p. 30-31).

En la actualidad la figura del ciudadano se ha debilitado y en el proceso práctico la productividad de los Estados basa su legitimidad en la consistencia de un funcionamiento correcto, buscando la eficacia de las operaciones que asume como tareas. Asimismo no representa a los ciudadanos ni sus derechos, adquiriendo estatuto de eficacia al satisfacer requerimientos coyunturales de otra figura subjetiva, evidenciando en suma la presencia de un Estado técnico-administrativo apoyado sobre el consumidor (Lewkowicz, 2012).

Sobre la base de estos desarrollos, el autor se atreve a decir que la concepción de hombre y de lazo social han mutado, siendo el hombre relevado en su categoría subjetiva a la decisión práctica de consumidor y las relaciones sociales entabladas desde el intercambio de productos, en detrimento de ciudadanos que comparten una historia.

En este terreno, la configuración del mapa discursivo de la situación se perturba, derivando en la caída del discurso histórico como hegemónico en el tratamiento de las realidades como categoría dominante y fundación de la racionalidad de los procesos. El declive de los Estado-nación, la universalización abstracta de los mercados, repliega a las identidades sociales a una modernidad estatal en las que el ser es tener (Lewkowicz, 2012).

Está claro que si el consumidor adquiere soberanía, la ley será de consumo. Allí los consumidores son definidos como imágenes y desde una particular lógica óntica su ser es signo. Parafraseando a Ulloa, Lewkowicz (2012) retoma que el signo es arrogante ya que "se dispone a ser visto por todos y no mira a nadie" (p. 37). Ahora bien, los que no son signos son insignificantes, en tanto su ser está vaciado de significación pero también porque no es posible que se establezca una dialéctica ya que de por sí el otro es signo y lo que queda es resto. Estas nociones adquieren pregnancia en el campo de lo social al pensarlo como un campo semántico.

El encadenamiento de cuestiones aquí suscitadas, lleva a indagar que las escisiones que produce el agotamiento de ficciones son momentos privilegiados en las prácticas de las instituciones para la generación de nuevas ficciones. Entendiendo por ello a los ciclos que en el devenir institucional tarde o temprano aparecen; así, la construcción de nuevas ficciones no necesariamente se escribirá con políticas en los sujetos que las sostienen.

# Capítulo IV
# Políticas sociales como subjetividad política

## El abordaje en las Políticas Sociales

Resulta de lo planteado en el capítulo anterior, enlazar la subjetividad en relación a las políticas o específicamente, posicionar a las Políticas Sociales en relación a los sujetos sociales que con su subjetividad permiten que ciertas ficciones se monten en el plano de las políticas y su praxis. Siendo que en toda construcción política se construyen sujetos políticos, no debe olvidarse que son las subjetividades las que vivencian las políticas, significadas desde singularidades implicadas en las mismas.

Para ello, es importe comenzar con el aporte de Danani (1996), quien diferencia tres grandes perspectivas para abordar el estudio sobre Política Social, ellas son: Estado –mercado-familia (Esping-Andersen, 1993); régimen social de acumulación (Nun y Portantiero, 1987) y relación entre estructuras de opciones efectivamente disponibles y prácticas de los sujetos (Przeworski, 1982). En la necesidad de buscar claridad, se detallan sucintamente las dos primeras para luego abordar con detenimiento a la tercera perspectiva por sus implicancias en torno a la tesis que aquí se propone.

Respecto a la primera postura, Esping-Andersen expone la necesidad de redefinir la conceptualización de "derechos sociales". Esta redefinición pone como centro la capacidad de los derechos sociales para la desmercantilización; derivando ello en mayores niveles de autonomía o dependencia respecto a las fuerzas del mercado.

El autor va aún más allá y plantea una redefinición de las Políticas Sociales basada en arreglos cualitativos Estado-mercado-familia. Esta consideración conlleva que las Políticas Sociales actúan como procesos existentes y se desenvuelven en espacios y relaciones que contienen a cada una de estas instituciones, las regulaciones que contemplan y las prácticas que en ellas se desarrollan. Danani (1996) destaca la necesidad de esta "triple mirada" bajo la consideración de que toda Política Social es resultado y asigna cierto "lugar" al Estado-mercado-familia. Así desde la lectura hecha por la autora sobre los aportes de Esping-Andersen se pueden destacar tres cuestiones: 1. Cuál y cómo es la lógica que articula al Estado-mercado-familia. 2. Permite poner en cuestión la escisión público-privado, ello en relación a los "bienes sociales" y las competencias de intervención del Estado "pertinentes" y "no pertinentes". 3. Implica pensar a las Políticas Sociales como en su trayectoria global, basadas en diversos momentos y niveles que involucran a distintos sujetos y agentes sociales.

En cuanto a la segunda perspectiva, basada en el régimen social de acumulación, en el país fue recreado por Nun y Portantiero. Es por ello que Danani (1996) desde una redefinición conceptualiza a esta segunda perspectiva como el "conjunto complejo de instituciones, regulaciones y prácticas que en un determinado momento, inciden en la acumulación de capital". Por regulaciones ha de entenderse y distinguirse ciertas intervenciones, en especial del Estado, que apuntan a normalizar sin por ello constituir instituciones. En el marco de investigaciones sobre la transición democrática en Argentina se intentó distinguir las "propiedades comunes" que permitían incluir o no a dicho país entre otros con regímenes democráticos-representativos.

Tanto la postura de Esping-Andersen como los aportes de Nun y Portantiero favorecen la distinción de modelos, estructuras y procesos. Así en el plano de las Políticas Sociales, abren una invitación a pensar en la mediación entre modelos de sociedad y organización cotidiana e inevitablemente lleva a la definición de la población destinataria de las Políticas Sociales. En este sentido, se problematiza desde la tercera perspectiva.

Para trabajar este posicionamiento, primeramente hay que hacer una breve consideración en lo que respecta a la construcción teórica del objeto, en este caso de las Políticas Sociales. Donde parte de las tradiciones dadas en las disciplinas siempre fueron construidas desde un objeto que se consideraba "propio" y ello conllevaba problemas de índole metodológica. Así "la necesidad de superar tediosas y estériles, pero generalizadas dicotomías entre estudios macro/micro; cuanti/cuali; economía/política/ideología, abre el horizonte a lo que en este volumen Hintze llama "metodologías diversificadas" (Danani, 1996, p. 29). Es que teniendo en cuenta esta "diversificación" dadas en la investigación de las problemáticas que se plantean en el campo de las Políticas Sociales, es necesario caracterizar y comprender las prácticas de los sujetos y las condiciones en las que éstas se desarrollan. Con ello la expresión *población-objeto* de Políticas Sociales ha de tornarse punto de partida para la discusión.

Se definirá a las prácticas "como la unidad compleja de comportamientos + representaciones, en la que las exteriorizaciones más directamente observables que constituyen los primeros, se encuentran internamente reguladas/organizadas por las segundas". (…) Así "Las representaciones simbólicas (y su análisis) adquieren, entonces, un papel de primer orden, no sólo –ni principalmente- por razones teóricas, sino por su condición constitutiva de prácticas (Danani, 1996, p. 29-30).

Otro factor a tener en cuenta, es respecto al contexto social que se presenta como medio y resultado de las prácticas; siendo objetivamente dadas, subjetivamente significadas, y sobre todo, construida por los sujetos. "De ello se deduce que las formas en las que las condiciones sociales son significadas integran las representaciones (de sí, de los otros, del "mundo de las cosas") y así operan como regulaciones internas, dando lugar a configuraciones diversas" (Danani, 1996, p. 30).

Así, las condiciones sociales significadas pasan a integrar representaciones que funcionan como regulaciones internas, promoviendo configuraciones diversas y posicionando a los sujetos como verdaderos hacedores de la clase social; clase que a su vez los moldea.

Danani (1996) hace referencia a Adam Przeworski y su obra para indicar que las Políticas Sociales protagonizan los procesos de construcción de las clases sociales, dirigiéndose a intervenir en el proceso de reproducción social, gracias a las cuales las clases sociales llegan a existir. Se presenta así como una expresión de cierto  riesgo, el enunciado "poblaciones-objeto de política social", ya que en su sentido radica una concepción de beneficiarias/destinatarias de determinadas políticas, diseñadas en una orientación vertical. No obstante, no se niega que exista una población destinataria sino que delimita una condición que actúa como relación que lleva a comprenderlos dentro de interacciones que forman parte del mismo objeto de estudio. Distinta es la concepción de que sean pensados como actores de los procesos sociales y políticos, en los cuales las políticas son momento y expresión.

Como correlato de lo planteado anteriormente, Raquel Castronovo (2013) al describir la Política Social del postneoliberalismo, destaca la universalidad como característica significativa de las mismas, en la que subyace la conceptualización de ciudadanía y que actúa como modelo de sociedad que se quiere construir. Para esta autora la universalidad es un atributo de las políticas públicas, asegurando el acceso a la igual protección de todos los ciudadanos y que llevado a la Política Social se figura como herramienta que permite accionar desde el Estado para garantizar el acceso a los derechos en sentido amplio.

Por su parte, Estela Grassi (2004, 2005) en sintonía con la universalidad destacada por Castronovo (2013), considera que el acceso a recursos de los que dispone una sociedad y que hacen al mejoramiento de la vida de los ciudadanos, como ser, previsión, protección y asistencia ante situaciones de necesidad o vulnerabilidad; la educación, el acceso a bienes y servicios culturales, de salud y públicos en general, etc. deben corresponder, según la autora, a derechos pre-establecidos, dejando de lado la condición laboral y socio-económica del sujeto. Siendo así continente desde una lógica normativa de alcance universal. La autora enfatiza que una Política Social estará relacionada con la provisión de los servicios colectivos (infraestructura y saneamiento urbano, redes de luz, agua potable y cloacas, transporte urbano, comunicaciones, disponibilidad de servicios de salud y educación, etc.); presentándose en un nivel de igualdad de acceso y calidad. Pero también toda Política Social debería comprender servicios de atención y cuidado de personas, (Grassi, 2004-2005). Lo ejemplifica con la implementación de servicios de guarderías, de atención y cuidado de enfermos o adultos mayores, siendo en ocasiones escasa la provisión pública en estos sectores. A partir de ello, extender esta idea en un campo hipotético, tomando como marco referencial a la donación de órganos, podría enriquecer el panorama y permitir considerar que el Estado a través de sus políticas, políticas públicas en salud específicamente y a la donación de órganos desde la singular perspectiva de los receptores; permite considerar que los tipos de necesidades que brotan de esta temática, merecen especial atención; que si bien son consideradas a la luz de lo que las políticas nombran para ocuparse de la problemática, en este caso la regulación de la donación de órganos y su tratamiento instaurado en la agenda pública, no llegan allí donde los sujetos destinatarios de dichas políticas, anclan su necesidad. No obstante, la particularidad de lo que se observa manifiesta que están a la espera de un órgano para ser trasplantado y por ende está comprometida la salud de su órgano dañado, el funcionamiento de su cuerpo y su calidad de vida. Ahora, los sujetos de las políticas en cuestión son sujetos atravesados por subjetividades cargados de una afectividad y vulnerabilidad propia de la situación que viven y atraviesan. Es por ello que al plantear que las políticas deberían llegar hasta allí, se puntualiza, que se juega ni más ni menos, uno de los pilares que hacen a la ciudadanía. Ya que si la política busca el bienestar de la sociedad, no puede ignorar que ese bienestar se sostiene en subjetividades que hacen a lo social.

Otro posicionamiento teórico sobre la política social, y que no necesariamente está en contradicción con el de Danani (1996), sino que se puede pensar como una perspectiva complementaria que viene a incrementar la comprensión de mediación de las políticas en lo social, es la de Daniela Soldano y Luciano Andrenacci (2006). Estos autores sugerirán que la política social es considerada como la intervención o conjunto de intervenciones de la sociedad sobre sí misma que pautan las maneras en que se produce el proceso de integración social, gestionando la represión como la funcionalización de grupos que representan riesgos o amenazas al sistema. La consideración de *intervención de la sociedad sobre sí misma* es entendida como una intervención que no está dada  de manera exógena a la propia sociedad y donde el Estado no es un agente externo a la trama social sobre la cual interviene.

Esta intervención de la sociedad sobre sí misma debe pautar el proceso de integración social. Los antecedentes de la integración social aparecen en Durkheim como *lazo social*; el cientista social buscaba los lazos portadores de solidaridad que explicaran la continuidad de la cohesión social dados en el cambio de lo social. Lo encuentra en lo que denomina la *división del trabajo social*. Esta división es portadora de una dimensión *moral*. Durkheim considera que el problema de las sociedades modernas era la crisis moral, expresada en la inadecuación-insuficiencia de las reglas para garantizar la actualidad del bien común, en un mundo con intereses crecientemente particulares, que bajo su denominación se presentaba como *anomia* (Soldano-Andrenacci, 2006).

Como manera de pensar la política social, los autores sugieren la sustitución de lazo social por *integración social* donde las sociedades diseñan, ponen en acto y gestionan los problemas de su cohesión y sus formas de pertenencia. Toman a Robert Castel, quien entiende la integración social como un proceso de inscripción de los sujetos en la organización social, por el cual no sólo se obtiene un lugar físico y simbólico sino el derecho al beneficio de los sistemas de protección que protegen el acceso y permanencia de los sujetos en ese lugar. En consecuencia, la política social será entendida como la intervención de la sociedad sobre los modos de funcionamiento de los vectores a través de los cuales individuos y grupos se integran, con grados variables de intensidad y estabilidad, a la sociedad (Soldano-Andrenacci, 2006).

Capítulo V
# Segunda parte

# Construcción de los problemas sociales -conjeturas en torno a las vivencias del receptor en la donación de órganos-

## Semántica de una construcción

María Silvina Cavalleri (2008) propone diferenciar entre las nociones de problemas sociales y situaciones problemáticas, su fundamento para ello es que la perspectiva de totalidad confronta con la noción de problemas sociales, siendo ellos reflejo de fragmentación y sectorización social. Aquí la referencia a los problemas sociales se halla ligada al momento en que se configura la intervención social del Estado y que puede llevar a desdibujar la cuestión social, entendida ésta como las manifestaciones de desigualdades y antagonismos económicos, políticos, culturales presentes desde la perspectiva de la totalidad, ligando dichas problemáticas a determinadas formas de comprender la cuestión social. También la autora advierte que se enfatiza la adjetivación de lo social sobre los problemas; separándolos de lo económico, político, ideológico, lo que daría por resultado la estructuración e intervención de políticas disociadas entre sí. Obviamente cada política tiene su especificidad en el hacer, donde hay un todo puesto en juego en la sociedad medido por la interacción conjunta de diversos elementos, de allí la sugerencia de pensar  situaciones problemáticas. En ellas, según Cavalleri (2008) se encuentran: *situaciones,* que  refieren a la noción de Matus reflejando donde se sitúa algo, ese algo es el actor y la acción, adquiriendo la realidad un carácter de situación en relación al actor y su acción. *Manifestaciones de la cuestión social*, que se presentan de manera inmediata y fenoménica pero que verdaderamente se constituyen como expresiones de los antagonismos constitutivos del orden social capitalista.

*Interacciones entre dimensiones sociales, culturales, económicas, políticas, ideológicas*, vinculadas a la perspectiva de la totalidad desde la cual se aprehende las situaciones a ser intervenidas, desde una mirada que integre dimensiones.

*Expresiones en las que coexisten aspectos subjetivos y objetivos*, donde entre el sujeto y el objeto hay una relación de unidad, compleja y contradictoria, en la que los sujetos establecen una relación de conocimiento sobre el objeto. A su vez estos sujetos son sociales e individuales e imprimen cierta particularidad a dicha relación.

Y por último, *el espacio de la particularidad* que deberá ser leído como la tríada universalidad-particularidad-universalidad que se halla presente en la vida cotidiana de cada sujeto social. La universalidad evoca determinaciones y leyes tendientes a un complejo social dado, por ejemplo, relaciones de producción, leyes de mercado, relación Estado-Sociedad Civil, etc. Allí será necesario capturar cuáles son las categorías históricas del ser social que interfieren en alguna problemática social, percibiendo su real concreción y visibilidad. Con esto las determinaciones universales quedan bajo la esfera de la singularidad por la dinámica de los hechos. Singularidad como expresión de un nivel de existencia en el que se van a presentar formas singulares de la vida en sociedad y en donde lo particular adquiere el lugar de mediación entre los hombres y la sociedad, ya que en la particularidad de la vida está la singularidad de los hechos irrepetibles.

Por su parte, Edelman Murray (1991) trabaja la noción de la construcción y los usos de los problemas sociales, planteando que pueden haber condiciones aceptadas como inevitables que podrían llegar a percibirse como problemas, y otras condiciones, de carácter perjudicial que no serían definidas como cuestiones políticas. El caso base del trasplante de órganos, puede llevar a considerar que la donación de órganos se configura en la agenda de la salud pública y por tanto, el Estado debería actuar como regulador de dicha práctica, reconociéndose como problema social; no obstante, esto no implica que se tenga en cuenta el problema en su magnitud. Los problemas entran en los discursos y adquieren existencia reforzando ideologías. Así constituyen a las personas como sujetos con determinada cosmovisión de lo social, atravesados en sus creencias por cargas afectivas producto de la circulación de  discursos. La misma habilita una gama de significados sobre los problemas sociales que conllevan la sobredeterminación de una postura ideológica y un posicionamiento desde las políticas públicas.

En la perspectiva de Murray (1996),  si los problemas sociales se construyen, queda claro que aquello que puede perjudicar y/o afectar a las personas no necesariamente se convertirá en un problema. Por tanto, considerar que la donación de órganos asume un  carácter político ya que el  Estado como interviniente acompaña regulando dicha práctica, no significa que en la vivencia subjetiva la experiencia del acompañamiento estatal, a través de sus políticas, se presente como vaga, reducida o vacía. Aquí guarda una relación importante el lenguaje y la subjetividad, ya que a través de la palabra es donde la maniobra política ejerce construcción de subjetividad. Resulta relevante destacar este aspecto, ya que son las personas en sus vivencias subjetivas las que experimentan, sobre las que se gestan y hacia quienes se dirigen las políticas. El escenario que se podría montar en función a este planteo Murray (1991) lo nombra como una ambigüedad del mundo social que deriva en una ambivalencia respecto a la política pública. El carácter de formulación ambigua de los problemas refleja que los mismos están constituidos por las diferencias en sus definiciones que a su vez dan cuenta de lo que para cada grupo es un problema.

En este sentido, el planteamiento de que las palabras expresadas en el lenguaje influyen en la construcción de la visión de los problemas sociales, Murray (1991) lo destaca en el papel de la semántica en relación a la política, afirmando que todas las políticas se crearon semánticamente como interpretaciones cargadas de valor de las diferencias entre la acción y el lenguaje. La política figura así como un conjunto de respuestas contradictorias, que cambian y son diversas a un espectro de intereses políticos.

¿Por qué es importante pensar las políticas públicas en torno a la construcción de los problemas sociales?

Su importancia radica en la forma en que puede manifestarse el vínculo recíproco que existe entre el Estado y la familia, ya que en esas conexiones asoman la división entre lo público y lo privado, con su consecuente derivaciones en lo social. Bajo estas orientaciones Cristina González (2003) cree que se asocia la construcción de ciudadanía de los individuos, siendo no solamente un producto de lo familiar sino "como resultado de las imbricaciones de lo familiar con lo estatal y público-societal" (p. 67).

A partir de la aparición de los Estado-nación se termina de moldear la división entre familia y Estado tal como se conoce actualmente. Así, además de los procesos de industrialización que delimitaron la actividad económica del ámbito doméstico, se establecieron luchas políticas en sectores de la burguesía industrial y comercial y la aristocracia. Emergiendo de ello nuevas formas de organización del poder en las sociedades que territorialmente delimitadas son lo que se conoce como Estados-nación (González, 2003).

Desde esta perspectiva, en el ámbito público los sectores en ascenso fueron logrando instituir mecanismos políticos para el consenso y la toma de decisiones, conjuntamente con la afirmación de las democracias representativas. Como efecto de ello, lo público y lo político se unificaron con el Estado y las instituciones reconocidas para el manejo de esos temas. Relegadas al ámbito privado quedaron aquellas actividades y organizaciones que inicialmente quedaban excluidas de la mediación estatal. Es así que el límite entre lo público y lo privado ha quedado arraigado a las luchas y concepciones colectivas acerca de cada uno de estos ámbitos (González, 2003).

Considerado en un orden simbólico, lo público y lo privado estructuraron representaciones sobre la separación entre familia, sociedad y Estado, sirviendo también para que ciertos discursos, en sus acciones y omisiones, estatales, se orientaran sobre lo que consideran son cuestiones de interés público, competentes al Estado, y aquellos privados, excluyentes de aquel (González, 2003).

En este recorrido el mismo autor devela que ha operado un poderoso medio de ocultamiento respecto a algo mucho más complejo, ya que no todo lo privado transcurre en el ámbito doméstico ni todo lo público en lo estatal. Además expresa:

> Porque existen espacios de autonomía personal en todos los ámbitos por donde transitan individuos, incluso las instituciones estatales; (…) porque las familias/unidades domésticas realizan actividades de sostenimiento material, cultural y social de sus miembros y por lo tanto lo que hacen se convierte en algún punto en interés de todos. (…) porque ni las familias ni las instituciones

estatales son los únicos espacios
por los que transcurren las vidas
de las personas. (González, 2003,
p. 71).

Aunque cualitativamente diferentes, lo familiar y estatal, comparten el objetivo de reproducir la existencia de los hombres. Así las familias se figuran productoras biológicamente de los individuos que componen a la sociedad, junto al menester de sostenerlos emocionalmente y brindarles educación. Por su parte el Estado se desenvolverá en su papel regulador de la economía, garantizando seguridad externa e interna y la búsqueda del bienestar social (González, 2003).

Es indudable que el Estado influye en la vida familiar y tiende a regular su funcionamiento pero también es cierto que las familias tienen múltiples maneras de penetrar los espacios públicos/estatales; de manera consciente e inconsciente establecen prácticas de legitimación y/o resistencia hacia individuos, grupos o familias. Dicho de otra manera, no se puede caer en la ingenuidad de que las acciones y acontecimientos que vivencian las familias quedan relegadas al ámbito doméstico sino más bien que trascienden su espacio e influyen en las políticas estatales, muchas veces desbordándolas (Gonzáles, 2003) o dificultando su funcionamiento, ya que en ocasiones las políticas no aprehenden la realidad de los destinatarios de las mismas.

En definitiva, las acciones familiares politizan necesidades convirtiéndolas en demandas al Estado, el cual, a través de sus políticas, herramientas de las instituciones que lo componen, dará cuenta del grado de implicancia y búsqueda de resolución si así lo considerase.

## Políticas Públicas: entre las capacidades del Estado y el  derecho ciudadano

Ponderar las políticas públicas como una herramienta fundamental de las capacidades del Estado implica tener presente las dimensiones que hacen a la igualdad de derechos ciudadanos. El protagonismo del Estado a través de ellas lo hace garante de la equidad en el acceso a bienes públicos, posibilitado en función a la disponibilidad de recursos e instrumentos que son necesarios para llevarlo a cabo. Así la fortaleza y agilidad en la toma de decisiones deberán ser las líneas rectoras que posibiliten su desenvolvimiento (Abal Medina, 2008).

Por tanto, se hace imprescindible tener presentes las percepciones ciudadanas en relación al rol del Estado y su desempeño en áreas específicas que hacen al conjunto de lo social. Con lo cual prácticas estatales y demandas y derechos ciudadanos se vuelven y/o deberían serlo, un vínculo que debe retroalimentarse constantemente. El resultado de ello permitiría la aprehensión de los actores sociales involucrados y la especificación en la ejecución de la política pública.

En relación a lo dicho anteriormente Isidoro Cheresky (2008) plantea que la ciudadanía contemporánea es crecientemente autónoma y debe ser entendida como el conjunto de individuos atravesados por tradiciones y creencias transmitidas en sus ámbitos culturales, fluctuando en sus definiciones de valores e intereses como ser sus pertenencias corporativas y político-partidarias. El autor advierte que esta autonomía por parte de la ciudadanía es resultado del debilitamiento de los partidos políticos y de las organizaciones corporativas, quedando al margen la concepción de ciudadanía de antaño, cuando era considerada una categoría formal compuesta por individuos titulares de derechos ante todo políticos; los civiles y sociales también formaban parte pero variando en función a la organización de la sociedad. Esta concepción de categoría formal de la ciudadanía en su denominación no enfatiza tanto a las prácticas o sujetos que están en juego en la noción ciudadana.

Siguiendo la idea de Cheresky (2008), historizar esta referencia permite pensar que los individuos involucrados en la acción política quedaban agrupados en la denominación colectiva de *pueblo*. Éste hacía referencia a un sujeto unificado, actor efectivo de acontecimientos políticos y sociales. Ahora bien, en sociedades democráticas dicho pueblo cobraba múltiples formas y acepciones correspondientes a agrupamientos distintos. Si bien, aquí no se está diciendo que la categoría formal de ciudadanía que nombra a los titulares de derechos no deba ser tenida en cuenta, como tampoco se dice que no esté en vigencia, sino que con ella convive actualmente la concepción de que "la ciudadanía incluye a quienes poseen o bien reclaman derechos y participan de la comunicación política" (p. 18).

Los lazos de inclusión y representación se hallan distendidos en relación a la política en general y tienden a explicar menos lo que sucede en la vida pública. No obstante, estos fenómenos poseen cada uno su particularidad dependiendo del contexto territorial y sociocultural. Es así que la expansión de esta ciudadanía supondrá la centralidad del espacio público, centralidad dada desde el desapego respecto a representaciones de todo tipo. En esta impronta las elecciones parecen importar como nunca antes junto con una legalidad de la representación que emana de ese pronunciamiento, enraizándose como sustento de la manifestación de democracias efectivas frente a contingencias socio-institucionales.

El estatuto que adquiere así la ciudadanía es el de una observación atenta sobre los actos de los gobernantes, llevando a que en su implicación en la vida pública la autorrepresentación aparezca como una novedad en la que grupos de ciudadanos con grados diferentes de sensibilidad frente a lo social se pronuncien, generalmente de manera negativa, sobre decisiones del gobierno o hechos públicos. Esta actitud que adquieren los grupos en su afán de autorrepresentarse se vuelve un condicionante ineludible y decisivo en las políticas públicas (Cheresky, 2008).

Esta autorrepresentación es el correlato político de la subjetividad como en muchos otros lugares del recorrido de este trabajo se ha enfatizado.

No obstante, más allá de los matices que adquiera la autonomía de este tipo de ciudadanía, los individuos están enmarcados dentro de cierto tipo de condicionamiento por parte del Estado y sus redes institucionales. Como bien lo enuncia Cheresky (2008), "es decir que no podemos concebir una ciudadanía portadora de derechos y de demandas sin percibir que ello es la contraparte de un Estado que ha intervenido en su configuración" (p. 19).

Desde esta perspectiva, los componentes más importantes que caracterizan al sistema de salud, versan sobre aspectos financieros, estructuras de recursos, identificación de beneficiarios, necesidades sociales y de salud de la población. Es así que un análisis institucional requiere la indagación sobre la participación de actores políticos, sociales y económicos que poseen influencias en la producción de normas, sus marcos regulatorios y reglas puestas en juego en un sistema general (Báscolo, 2008).

Lo que se pone sobre un eje crítico es la dificultad del Estado, en mayor o menor medida, de garantizar condiciones de equidad pero para ello es necesario el reconocimiento de la distancia que se presenta entre las necesidades y capacidades para abordar las problemáticas sociales, y en este caso específicamente, en lo atinente a la temática sobre políticas públicas en salud referentes a la donación de órganos.

## La situación de espera: de la Política Pública a la subjetivación de la experiencia

Si bien la literatura al respecto de la donación de órganos está más anclada en la decisión de la donación por parte de los voluntarios, nos hallamos con escasos datos orientados al receptor y su acontecer psicológico; no obstante en la variada complejidad de la temática de la donación de órganos que suele ser la contracara institucional del trasplante, tiene una especificidad indiscutida, se trate del donante o del receptor, la subjetividad que los alberga. Es así que por un lado se encuentran las variadas prácticas médicas que son un pilar fundamental y necesario para la ablación de órganos. Y por otro, el universo psicológico de las familias en situación, ya sea de ser donantes, es decir, donde uno de sus integrantes es donante vivo o cadavérico; y también, pudiendo presentarse donde uno de sus integrantes esté a la espera de un órgano para poder continuar con su vida.

Esta última modalidad encuentra a las personas involucradas en ella envueltas en una situación traumática que suelen estar acompañadas de niveles de angustia extremos y que repercuten en el funcionamiento familiar y anímico de cada uno de sus integrantes, conllevando construcciones subjetivas ligadas a esta novedad, ausente al momento en sus vidas, hasta que la enfermedad empezó a dar sus primeras manifestaciones.

En lo que al receptor se refiere, la "espera" no se decide a voluntad y posee una magnitud afectiva y moral que hace al conflicto en los casos de los trasplantes, y específicamente, en los trasplantados renales que están en diálisis a la espera de un órgano. La angustia, las fantasías posibles sobre la muerte, la situación traumática y la necesaria elaboración psíquica de lo acontecido irrumpen de manera particular en la subjetividad individual y en las configuraciones familiares en torno a la donación de órganos.

La implicancia de este acontecer en el receptor lo inscribe en un campo signado por los límites entre la vida y la muerte, donde su funcionamiento psíquico se encuentra exacerbado por un monto afectivo cargado de incertidumbre, ya que su mantenimiento vital dependerá de la presencia de un órgano y de la institución encargada de encontrarlo, todo ello matizado de aspectos burocráticos donde su accionar no tiene incidencia. A su vez, en caso de realizarse la ablación y que el receptor pueda ser trasplantado, se cierra y se abre otro capítulo en la misma historia, ya que su estilo de vida deberá modificarse en la medida en que el órgano implantado no sea rechazado siendo acompañado de tratamientos medicamentosos y controles específicos, todo esto también dependiente de un contexto sanitario estatal que deberá estar presente con la provisión de ciertas drogas y/u otros suministros necesarios para el resguardo de su calidad de vida como ser el de la vivienda en condiciones adecuadas e higiénicas apropiadas frente a la vulnerabilidad que demanda todo sujeto trasplantado.

Según Gabriel Dobrovsky (2005), en el proceso de trasplante se pueden apreciar una variada gama de fenómenos psicológicos, que como el autor destaca, se presentan en las entrevistas con los familiares de los potenciales donantes y en los avatares subjetivos del equipo profesional encargado de la procuración. Aspectos comunes en lo que hace al receptor podrían también aquí ser encontrados.

En este sentido, el efecto traumático aparece con mayor énfasis, exigiendo un trabajo psíquico que muchas veces, al menos en la fase inicial del trauma, se vuelve intransitable psicológicamente, donde la posibilidad de poner en palabras el sentir no alcanza, ya que está en juego la significación y posibilidad de la muerte futura.

A nivel anímico la angustia suele ser el afecto representante de que un individuo está atravesando una situación que lo aqueja y no le permite un desarrollo espontáneo de su personalidad, acarreando cierto grado de malestar para sí mismo y su entorno. Dobrovsky (2005) aborda su aparición bajo la situación específica que se organiza en la posibilidad de donación de órganos de un ser querido, incluyendo la sorpresa por el daño azaroso sufrido por un familiar, hasta la ablación de órganos donados, siendo esto también acompañado por las entrevistas con el coordinador de donantes.

Lo que no expone aquí el autor y se cree necesario mencionarlo es que en el mismo momento en el que está transcurriendo el operativo, hay un individuo, como representante de innumerables que están en la misma situación, a la espera de un órgano, vivenciando posiblemente la misma carga de angustia, singularizada por la historia personal del sujeto y quizá con mayor incertidumbre, ya que del lado del donante y sus familiares las evidencias se presentan de manera más específica, es decir, o el voluntario dona y continúa con su vida y/o es un donante cadavérico. En el caso del receptor la ambigüedad radica no solamente en la aparición del órgano sino también de que dicho órgano sea compatible y recibido por su cuerpo de manera tolerante, en pos de un estilo de vida con determinados requerimientos al resguardo de su bienestar.

En este sentido la angustia se establece aquí como una señal de peligro que remite a una situación de desvalimiento similar a la inicial de todo niño al nacer.

## La familia frente al trauma

Según Dobrovsky (2005), en todo el proceso de donación, lo que angustia no es solamente la posibilidad de la muerte sino que también existen otros productores de angustia vinculados al encuentro de los familiares del potencial donante y el accionar de los actores institucionales, pero también desde la posición del receptor y sus familiares se vuelve un factor estresor la poca contemplación de los avatares subjetivos a los que se hallan expuestos en esta particular situación, ya que los ámbitos hospitalarios e institucionales exigen cierto comportamiento que condicionan el desenvolvimiento familiar, dificultando la tramitación de afectos y postergando la descarga para otros momentos, reducidos a un sector más íntimo.

La medicina como un discurso de poder torna ciertas sugerencias médicas a las que resulta difícil negar o dudar de su pertinencia (Dobrovsky, 2005), siendo más enfáticas en estas circunstancias de marcada vulnerabilidad.

Tener un familiar a la espera de un órgano lleva, en el transcurso, a que los demás miembros pasen de la angustia al miedo, lo que implica una ligazón representacional que permite pensar la situación desesperante de otra forma, que lejos de dejar de ser amenazante adquiere cierta figurabilidad, en este caso, tener un diagnóstico preciso de qué es lo que le sucede a su familiar.

Destacar el protagonismo que adquiere la familia en todo este proceso, ya que como plantea Pierre Bourdieu (1994), más allá de las constelaciones que entren en juego para nombrar a esta institución, lo que ella logra es la construcción de un hecho de la realidad social. En dichos hechos sociales, cada miembro garantizará la integración de la unidad familiar, por cuanto su durabilidad dependerá de ello.

Es así que como eje nuclear del funcionamiento social, posibilitará el orden respecto a la reproducción de la estructura y relaciones sociales, con lo cual los avatares a los que pueda estar expuesta ella como uno de sus miembros, tendrán incidencia a largo o corto plazo a nivel estatal. En este caso las transformaciones que puedan acontecer en el proceso de trasplante y la reorganización de su funcionamiento después de realizada la ablación en uno de sus miembros, impondrán un sentido en la percepción del grupo familiar.

Sobre la base de estas consideraciones, la vivencia de desamparo adquiere matices significativos, ya que como se ha advertido, a nivel afectivo, la angustia está ocasionada por la idea de muerte que ronda estos parámetros de la enfermedad. Afectividad que también se propaga a la exposición que vivirán los familiares y el receptor, desde el momento del diagnóstico hasta la recepción del órgano.

Si bien nombrar a los hospitales e instituciones que coordinarán la tarea trasplantológica como ejes comprometidos en el acompañamiento anímico de los protagonistas de estas situaciones, expresan de alguna manera la efectivización de otra institución referente, abstracta y simbólica: el Estado. Pudiendo pensar con ello que mucho de lo que acontezca con las diversas instituciones que lo representan, estarán dando cuenta de su presencia.

Así, no se puede determinar que los tiempos institucionales coincidan con el de las personas en cuestión, en muchas ocasiones las demandas de los individuos quedan escindidas de  la lógica institucional, articulando un mayor malestar a sus vivencias, sin considerarlas como parte esencial de cualquier proceso que implique la dialéctica sujeto-institución.

## De la vivencia y sus características

Moty Benyakar (2006), propone el concepto de lo "disruptivo" que plantea como reemplazo al de "traumático" en referencia a hechos y situaciones pertenecientes al mundo exterior.

Lo "disruptivo" vendrá a significar eventos o situaciones que provoquen discontinuidad en la capacidad integrativa y de elaboración del psiquismo. Esto implica tener en cuenta la singularidad del sujeto que vivencia la situación y la relación particular que puede existir entre el evento específico y el sujeto particular (Benyakar, 2006).

La eficacia de lo disruptivo se presentará como un proceso desadaptativo, caracterizado por una discontinuidad en el modo de procesar la realidad que posee el psiquismo. Es así que el autor propone tres conceptos para considerar una situación con carácter disruptivo: el *evento factico, la vivencia y la experiencia.* Si bien a los fines del tema que aquí compete, la concepción de lo que se entiende por *vivencia,* se considera enriquecedor el papel de los otros aportes que acompañan la comprensión de lo que se pretende abordar.

Todo *evento* tiene la posibilidad de irrumpir en personas, instituciones y comunidades. El mismo podría llegar a generar una alteración en estados de equilibrio, produciendo distintos tipos de reacciones y si así lo fuera, se presentaría lo que se denomina un *evento fáctico disruptivo.* Un evento será "disruptivo cuando desorganiza, desestructura o provoca discontinuidad. La desorganización y lo que ocurra con ella no le pertenece al evento sino que dependen del sujeto que lo vive" (Benyakar, 2006, p. 47). En otras palabras, se debe tener en cuenta el impacto que generan los eventos sobre los sujetos y cómo se articulan con sus vivencias.

Respecto de la *vivencia* hace alusión a la actividad psíquica, dando especificidad a lo subjetivo y atestiguando del contacto con el mundo externo (Benyakar, 2006). Todo factor exógeno considerado un *evento fáctico,* activa y moviliza factores endógenos. La adecuación de ambos factores dependerá de la articulación que pueda darse entre un afecto con una representación, siendo dependiente esta articulación de factores de sostén ambiental y de capacidad yoica.

Se denomina *vivenciar* al proceso mediante el cual se despliega la capacidad de articular el afecto con la representación (Benyakar, 2006). La articulación afecto-representación tiene cualidades estabilizadoras, de allí la posibilidad de la palabra. Que la articulación brinde estabilización no implica que la vivencia sea agradable sino que ante un evento que provoque displacer, en este caso, atravesar todo el proceso de trasplante, puede posibilitar su elaboración.

En lo que respecta a la *experiencia* como tercer concepto para pensar lo disruptivo, se alude a la conjunción de la *vivencia* y el *evento fáctico*. Así la experiencia posiciona al sujeto desde lo pensable y comunicable, por tanto da cuenta del accionar del procesamiento psíquico respecto al impacto del evento.

Por su parte Boris Cyrulnik, citado por Rubén Zukerfeld (2005), considera que la posibilidad de un desarrollo resiliente como expresión de afrontamiento dependerá de un temperamento personal, una significación cultural y un sostén social. El autor atribuye al proceso resiliente un papel fundamental a lo que denomina *relatos,* que tanto el sujeto, el entorno cercano y el ámbito social, puedan hacerse sobre los eventos que convocan un desequilibro en su subjetividad. En el caso aquí abordado, el entorno cercano podría estar representado por todo el aparato estatal y de sus posibilidades de acompañamiento o desamparo.

# Capítulo VI

# Proceso de trasplante
# -vivencias, acompañamiento estatal
# y configuración subjetiva-

En el presente capítulo se aborda el proceso por el que atraviesan las familias en espera de un trasplante renal y las vivencias respecto al acompañamiento del Estado a través de las Políticas Públicas basadas en la Donación de Órganos, rescatando principalmente la configuración subjetiva que resulta de ello, puesto que en la relación entre las vivencias y las Políticas Públicas basadas en la Donación de Órganos se halla la calidad de vida de los ciudadanos.

El trabajo se encuadra dentro de la metodología Cualitativa, se utilizó un diseño narrativo recolectando los datos a través de Historia de Vida, con un diseño de caso único, seleccionado por conveniencia, ya que la misma se presenta como un variado mosaico de perspectivas de investigación pertinente para el tema que nos convoca (Vasilachis de Gidino, 2006), que posibilita para quien investiga construir una imagen compleja y holística, a través del estudio y análisis de las palabras, la presentación detallada de perspectivas de los informantes y conducir el estudio en una situación natural (Patton, 2002, p. 272, en Vasilachis de Gidino, 2006). Por su parte Denzin y Lincoln (1994, p. 2, en Vasilachis de Gidino, 2006) consideran que la investigación cualitativa es multimetódica, naturalista e interpretativa, posibilitando una indagación en situaciones naturales, dando sentido e interpretando los fenómenos en los términos del significado que las personas les otorgan.

Teniendo en cuenta esto, interesa conocer la percepción y la vivencia de una persona y su familia que atraviesan por un proceso de trasplante. La perspectiva teórico filosófica en la que se sustenta esta investigación cualitativa es la Fenomenología y el análisis de los pequeños mundos de la vida.

El universo estuvo constituido por las familias cuyo miembro atravesó el proceso de espera de recepción de órganos inscriptos en la lista de CUCAIMIS en el último trimestre del año 2015. Las unidades de análisis estuvieron dadas por el receptor y cada uno de los miembros del grupo familiar. Tomándose como variables de estudio a las vivencias en el acompañamiento del Estado durante el proceso de trasplante. Es por ello que se realizó, primeramente, el análisis documental de las Políticas Públicas basadas en la Donación de Órganos, de manera de cotejar la aplicación de las mismas en la realidad de nuestros sujetos de estudio.

Las entrevistas fueron realizadas en diferentes sesiones de aproximadamente una hora, donde los integrantes de la familia, madre, padre e hijo fueron reconstruyendo desde la cronología la crónica de los hechos. El clima que se generó fue cordial y amable, si bien el joven sometido al trasplante era escueto en las respuestas que daba, los demás integrantes de la familia aportaron datos que complementaron la información requerida. Las entrevistas fueron grabadas y luego transcriptas, además se realizaron registros en un cuaderno de campo. Con el fin de hacer operativa la lectura de las entrevistas se asignó códigos a cada unidad de análisis, quedando conformada de la siguiente manera: madre: (M1), Padre (P1), hijo: (H3).

Por lo tanto, una de las variables de estudio también fue la configuración subjetiva ante el proceso de trasplante, a la cual definimos como un sistema cargado de representaciones y afectividad en el aparato psíquico, siendo éste producto de un contexto social y relaciones intersubjetivas. Esta configuración subjetiva hará que todo individuo atribuya significación a cada estímulo que reciba del mundo.

Para llevar adelante esta tarea se recuperan las voces de los entrevistados a los fines de analizar sus vivencias. Se han tomado tres dimensiones, a saber:

**Vivencias iniciales del receptor y su familia**: Este momento se corresponde con la etapa del diagnóstico de la afección renal, información recibida en esta etapa y descripción de la vivencia en torno a las posibilidades de resolución de dicha problemática de salud.

**Vivencias en el proceso de espera**: Esta etapa involucra el proceso de inclusión en lista de espera y la mantención de su calidad de vida durante este periodo con métodos paliativos para el funcionamiento renal hasta la etapa del trasplante.

**Vivencias en la etapa posterior a la recepción del órgano**: Esta dimensión incluye el momento posterior al trasplante propiamente dicho, donde se cierra y se abre otro capítulo en la historia del receptor y de su familia, ya que su estilo de vida debió modificarse durante el proceso de espera del órgano. Es así que luego de trasplantado busca recobrar una rutina de vida similar a la que tenía antes de recibir el diagnóstico de su enfermedad, ello acompañado de tratamientos medicamentosos y controles específicos.

Las técnicas de recolección de datos que hemos utilizado han sido: entrevistas abiertas que fueron grabadas y luego transcriptas, además se realizó, registros en un cuaderno de campo.

La información obtenida fue sometida al Análisis de contenido para su interpretación, presentación y posterior elaboración de conclusiones.

En relación a la primer categoría de análisis "Vivencias iniciales del receptor y su familia", la madre del afectado comienza relatando:

*"La enfermedad en sí yo no sabía que estaba enfermo, entonces solamente lo veíamos que estaba muy flaquito, que comía poco, que por ahí para ver qué le pasaba lo lleve al médico una semana que no comía casi nada. Lo llevé a la guardia y allí me dijeron que tenía un estado gripal y que bueno... le diera un antibiótico y le dí el antibiótico y no le hacía nada, seguía igual, a fiebre y bueno... eso fue un Viernes y un Domingo lo volví a llevar al hospital y siempre que iba, por supuesto, le atendía un médico nuevo, los médicos que atienden en la emergencia y no le encontraban nada, me decían que era un estado gripal, seguían insistiendo en eso, y me mandaron a casa"* (H1).

En este sentido Dobrovsky (2005) hace referencia a que no se puede determinar que los tiempos institucionales coincidan con el de las personas en cuestión, en muchas ocasiones las demandas de los individuos quedan escindidas de la lógica institucional, articulando un mayor malestar a sus vivencias, sin considerarlas parte esencial de cualquier proceso que implique la dialéctica sujeto-institución.

*"A la noche, mi marido no estaba, estaba de viaje, entonces él me dijo: "¿puedo dormir con vos en la cama?", se acostó en mi cama conmigo, tenía 12 años y se lo notaba que se sentía mal y bueno, tipo las 12 de la noche llega mi marido y lo veo que estaba mal... le agarró como una convulsión y ahí llamamos un remís rápidamente y fuimos al hospital"* (M1).

El afectado directo relató la vivencia de la siguiente manera:

*"Fue horrible me sentí morir, no podía respirar, entre sueños escuchaba como lloraba mamá"* (H3).

*"Cuando fuimos allá, lo resucitaron porque estaba como muerto, entonces ahí muchísimos médicos vinieron a verlo, lo pinchaban de todos lados, le sacaron sangre, le hicieron análisis de laboratorio, este... él estaba como muerto, cuando reaccionó, por ahí un poco (... ) parecía como que le agarraba un ataque de epilepsia, parece pero no era eso. Entonces yo me puse mal y bueno me dijeron que si yo no podía soportar estar ahí tenía que ir afuera, que ellos no me podían atender a mí porque tenían que atenderlo a él, así que bueno, estuve allí tratando de ayudar, (…) A las 4 de la mañana, más o menos, ahí recién reaccionó, **tampoco nos dijeron qué le pasaba" (M1).***

En tanto el jóven expresó:
*"Fueron difíciles esos días, no sabía lo que me estaba pasando, mucho desgano, ni con mis amigos podía estar"* (H3).

Desde la perspectiva de las vivencia de los protagonistas, a nivel anímico la angustia suele ser el afecto representante de que un individuo está atravesando una situación que lo aqueja y no le permite un desarrollo espontáneo de su personalidad, acarreando cierto grado de malestar para sí mismo y su entorno (Dobrovsky, 2005).

*"Ahí reaccionó, lo medicaron, no sé y hasta que lo llevaron a una habitación y ahí nos quedamos hasta el día siguiente y después vino una nefróloga o esa noche, yo no sé si esa noche mismo porque yo de tantas cantidad de médicos que vinieron, este... bueno vino la nefróloga y dijo que tenía un problema renal, que estaban los dos riñones mal, y que eso era terminal y que no tenía otra solución más que un tratamiento sustitutivo y que era hacerle diálisis"* (M1).

*"En principio no entendía de qué se trataba la enfermedad, eso me asustó, mucho (...) pensé lo peor* (H3).

*"Y para nosotros todo eso era, por supuesto, nuevo, no sabíamos de qué se trataba, no sabíamos qué era la palabra diálisis, no sabíamos qué era tener un problema renal, nos agarró mal, así de sorpresa, muy mal, pero sabíamos que era grave porque nos dijeron que él no se iba a recuperar nunca más de los riñones y que el otro tratamiento sería un trasplante. Bueno y que enseguida ya tenían que hacerle la cirugía para poder hacerle la diálisis, porque él estaba, o sea, el riñón al no funcionar, él estaba como envenenado, digamos, tenía toda la sangre no sé si se tenía que limpiar"* (M1).

Vemos en esta situación inicial el recibimiento por parte del grupo familiar de la noticia del diagnóstico de su hijo, que anímicamente es vivida bajo un estado de desconcierto, miedo y angustia, ya que por parte del equipo de salud eran escasos los datos que recibían, es decir, si bien luego de ciertos avatares de ingresos y egresos en la guardia médica pudieron darle un diagnóstico, no precisaron de cómo sería su calidad de vida desde ese momento.

Si bien le dieron dos alternativas, diálisis o trasplante, queda claro que no tenían mucho conocimiento como grupo familiar de esta terminología, con lo cual podían asociar el estado de salud de su hijo desde un punto de vista pesimista. Como bien lo plantea Dobrovsky (2005), en todo el proceso de donación, lo que angustia no es solamente la posibilidad de la muerte sino que también existen otros productores de angustia y uno de ellos es el accionar de los actores institucionales donde muchas veces la poca contemplación de los avatares subjetivos a los que se hallan expuestos el receptor y sus familiares se vuelve un factor estresor, en esta particular situación, ya que los ámbitos hospitalarios e institucionales exigen cierto comportamiento que condicionan el desenvolvimiento familiar y dificultan la tramitación de afectos imposibilitando una descarga adecuada.

En este sentido, el evento inicial tuvo toda la potencialidad de convertirse en "disruptivo", ya que se trató de un evento y/o situación que provocó discontinuidad en la capacidad integrativa y de elaboración del psiquismo (Benyakar, 2006).

Al indagar sobre cómo repercutió en la familia la noticia, la madre del afectado dice lo siguiente:

(…) *"Y nos cambió la vida desde el momento que se enfermó, porque primero es la desesperación de no saber qué es esa enfermedad y cómo la adquirió y qué pasó y por qué y por qué a nosotros. Y la desesperación de que era chico y tenía que conectarse a esa máquina, que teníamos que aprender y hacer cursos, buscar en internet, buscar, averiguar cosas que no sabíamos, por ahí internet tampoco es el mejor manual, al médico le preguntas, ellos te explican con términos médicos, o sea nosotros tuvimos en estos episodios que él tuvo de infección por ejemplo, varias cirugías o microcirugías, en algunas de ellas, incluso, le quedó un vaso sin suturar y se le hinchó la panza así, estaba la herida y así, y él gritaba pero eso era un globo* (M1).

*"Eso de que me iban a conectar a una máquina no entendía. (..) Pensé cualquier cosa"* (H3).

*"Y bueno todas esas cosas vivir y bueno los médicos vienen y te explican qué es lo que pasó, todos términos médicos que nosotros por ahí lo tenemos grabado y no entendemos. Entonces uno va a internet, busca y es como que se sienta y más tranquilo mira y a lo mejor no está toda la explicación correcta pero bueno, uno compara una cosa con la otra, o busca la palabra esa tan difícil, uno va y la busca y ve de qué se trata, entonces uno se va informando.*

(...) *Nicolás estaba anémico y bueno como él siempre estuvo por debajo de su peso, al nacer pretermino, nació con muy poco peso, entonces siempre todos los controles era: "bueno él pesa menos pero él está bien"* (P2).

Según Dobrovsky (2005), la medicina como un discurso de poder, torna ciertas sugerencias médicas a las que resulta difícil negarse o dudar de su pertinencia siendo más enfáticas en estas circunstancias de marcada vulnerabilidad.

En el escaso sostenimiento ambiental que experimentó el grupo familiar por parte del equipo de salud, al menos en el inicio, percibimos algo del carácter de dominación social del Estado que O´Donnell (1979) plantea como una dominación basada en lo relacional que permite una determinada modalidad de relación entre los sujetos sociales. Dicha dominación está en parte posibilitada por el control de ciertos recursos como ser el control de los medios de coerción física, el control de los recursos económicos, el control de recursos de información como los conocimientos científicos-tecnológicos y el control ideológico por el cual el dominado asume su condición dentro de la relación asimétrica de la que es parte sin entenderla ni cuestionarla. Vemos la importancia que jugaron aquí el control de recursos de información, en este caso, los conocimientos científicos-tecnológicos.

Esto sumado a la falta de recursos yoicos, propios de que esta instancia psicológica estuvo expuesta a factores desestabilizadores, entre ellos, la novedad del evento, llevaron a que la *vivencia,* entendida como la actividad psíquica que permite dar especificidad a lo subjetivo y atestiguar del contacto con el mundo externo (Benyakar, 2006) quede imposibilitada de lograr articulación entre el afecto y la representación que toda situación convoca.

En relación a la categoría "Vivencias en el proceso de espera" se pudo rescatar la siguiente experiencia:

(…) *"Entonces bueno, cuando nos dijeron que era eso, ahí tuvimos que firmar para que pudieran operarlo, le hicieron un catéter en la yugular para poder hacerle la hemodiálisis porque al mismo tiempo, le hicieron el catéter en el abdomen que es el peritoneal para hacerle diálisis que después eso comenzaba a funcionar después de un mes, no era tan inmediato* (M1).

*Fueron días difíciles. (...) me sentía sobreprotegido, no me dejaban respirar (...) todo arreglaban con los médicos y yo en el medio* (H3).

Tener un familiar a la espera de un órgano lleva en el transcurso a que los demás miembros pasen de la angustia al miedo, lo que implica una ligazón representacional que permite pensar la situación desesperante de otra forma, que lejos de dejar de ser amenazante adquiere cierta figurabilidad, en este caso, tener un diagnóstico preciso de qué es lo que le sucede a su familiar.

*"Para hacer la hemodiálisis, venían con unos aparatos, en la habitación y era un tratamiento de tres horas. Bueno y entonces lo operaron el día miércoles y él estaba muy grave dijo la doctora, que era muy riesgosa la operación pero él no tenía otra solución, podía quedarse ahí en la sala de operaciones como que no, que estaba muy mal, él tenía anemia y tenía un montón de problemas, tenía los valores de calcio, de la creatinina, todo desubicado, todo mal, entonces eso hacía que estuviera peor todavía o sea agarró todo de golpe, no fue un proceso que vos decís bueno me duele un poquito acá y me está pasando esto, no nunca"* (P2).

*"Bueno lo operan y está casi un mes en el hospital mientras tanto le hacían, le seguían haciendo la hemodiálisis, después ya cuando venimos a casa, seguía con la he-*

*modiálisis, y mientras nosotros tuvimos que hacer un curso para el manejo de la máquina, la máquina de diálisis peritoneal"* (M2).

*(...) "nos trajeron la máquina en casa, tuvieron que hacer toda una conexión nueva, vinieron los técnicos y nos enseñaron allá en el instituto y después nos enseñaron acá, nos dijeron que nosotros hiciéramos toda la conexión pera que después pudiéramos nosotros conectarlo directamente y desconectarlo"* (P2).

La familia en todo este proceso construye un hecho de la realidad social (Bourdieu, 1994) de la que ella es protagonista. En esos hechos sociales, cada miembro garantizará la integración de la unidad familiar, por cuanto su durabilidad dependerá de ello pero también es innegable que la percepción que brote de las vivencias por las que ella atraviesa, posibilita cierto funcionamiento social, incidiendo mayor o menormente a nivel estatal, ya que como hemos dicho al referirnos a las consideraciones que realiza Lechner (1981) sobre el Estado, la vida cotidiana guarda una importancia política, siendo en la interpelación donde deben encontrar un sentido a sus condiciones de vida, allí radica el sentido común de los mismos.

*"Cuando empezamos a usar la máquina en casa era una sensación fea, era algo nuevo (...)"* (H3).

*"La primera vez, por ejemplo, vinieron ellos, después tuvimos que arreglarnos nosotros para eso también nos hicieron hacer todos los cursos allá en el instituto así que no hubo mayores inconvenientes. Y así estuvo, haciéndose diálisis durante dos años, un poquito más, este... y él tenía edad pediátrica, por lo tanto, si bien ya acá en Posadas empezaron, en el 2012 empezaron a hacer trasplante, teníamos que recurrir a Buenos Aires o a Santa Fe. Elegimos Buenos Aires para empezar el trámite para que entre en lista de espera, que le hagan los controles pero él primero se tenía que estabilizar.*

*Él estaba muy delgado y cuando comenzó todo la diálisis, todo era medio traumático, digamos porque no sabíamos de qué se trataba y después nos sentamos en internet a averiguar de qué se trataba y de qué se trataba también la enfermedad, no es cierto porque no sabíamos nada y por un lado él por suerte lo recibió bien, no dijo que buena esta enfermedad pero aceptó lo que le estaba pasando, no hizo mayores inconvenientes, aceptó la dieta que se le daba, aceptó el tratamiento que sabía que eso le hacía bien y bueno y comenzamos con todo ese largo tratamiento de medicación y de diálisis, y después hacer los controles en Buenos Aires, teníamos familiares ahí"* (M1).

En esta dimensión apreciamos el transcurso de la espera, marcado por la posibilidad de ingresar en lista como receptor de un órgano y también bajo un tratamiento de carácter paliativo, como ser la diálisis y los avatares que conlleva como freno al deterioro de la salud. Tratamiento paliativo que requirió un curso para el manejo de la maquinaria necesaria para ello, diálisis durante dos años y el conocimiento de que el estado de salud del futuro receptor era muy grave.

A su vez de lo traumático que resultaba la situación debían informarse sobre la enfermedad de su hijo y sobre los procesos a seguir, ya que no sabían de qué se trataba, debiendo buscar información por sus propios medios.

Las experiencias de los sujetos que determinan su constitución requieren de su inserción en lo cotidiano y un orden general. En consecuencia, al no hallarse el Estado presente, resulta incomprensible, ya que de su arquitectura depende que los sujetos se reconozcan entre sí y en su particularidad. Y así el Estado solo es por referencia a la diversidad de la particularidad de los sujetos.

Si bien no podemos afirmar concretamente que el Estado aquí estuvo ausente, ya que el receptor recibió asistencia hospitalaria donde pudieron determinar un diagnóstico preciso que orientó las posibilidades a seguir. Pero si quisiéramos decir que en algo estuvo su falencia y eso usarlo como correlato de un Estado que no puede interpretar a los sujetos sociales que lo componen, diríamos que la falta de información y la manera en cómo seguir manejándose hasta el ingreso en lista de espera, hizo que en cierta forma el Estado estuviera ausente, conllevando esto una carga de sentido sobre la visión del mismo con un carácter negativo; en este caso el Estado figurado bajo la institución hospitalaria y el cuerpo médico.

Si bien luego pudieron sentirse más estabilizados respecto a lo sucedido, estabilización que surgió en el recorrido a medida que el tiempo iba pasando, en los inicios no encontraron un respaldo adecuado que los llevase a sentirse contenidos y acompañados para poseer esa fortaleza necesaria frente a la situación traumática. Situación vivida como desamparo, al menos en los inicios de lo sucedido, que actualiza la angustia ocasionada por la idea de muerte que ronda estos parámetros de la enfermedad.

Una vez estabilizado el joven, se comenzó con los controles en el Hospital Garraham (...) *"tenía que hacerse muchos estudios para saber si la compatibilidad y todo eso, para buscar un órgano después, entrar en lista de espera para después esperar un órgano que nos decían que, por supuesto, al ser pediátrico, por ahí le da prioridad cuando tienen un órgano, tienen prioridad porque son chicos, pero también era una desesperación porque ese órgano que por ahí estaba en oferta en su momento tenía que tener ciertas características para él porque tenía que ser totalmente compatible y no podía ser de una persona mayor de cuarenta años, hasta cuarenta podía ser, cuarenta y uno, cuarenta y dos ya no podía ser"* (P2).

*"Mis papás estaban todo el tiempo pendiente de los trámites, la vida pasaba por ahí"* (H1).

*"Entonces, el otro problema que tenía era que él es cero negativo por lo tanto al ser cero negativo él puede dar a todo el mundo pero él solamente puede recibir cero negativo, hay chicos que están cinco, seis meses en diálisis y ya tienen un donante, en el caso de él se tuvo que esperar un poco más porque no había y aparte porque tardó mucho también en los trámites burocráticos del Garraham para poder ingresarlo en lista de espera, entonces eso también dificultó un poco"* (M1).

A este relato la madre agrega:

*"Eso fue en el 2012, en el 2013 yo me presenté en la facultad para una pasantía en el CucaiMis, (...) saqué buen puntaje por toda la trayectoria que tenía de trabajos, de cursos que había hecho sobre donación de órganos, entonces ahí pude entrar a trabajar en el CucaiMis y tuve la oportunidad, hablando ahí con la gente del CucaiMis que ellos se ocuparan un poquito más de acelerar el trámite, Nicolás no estaba todavía en lista de espera en el Garraham"* (M1).

Respecto a los avatares previos al ingreso en lista de espera, debieron realizar muchos estudios médicos para saber sobre la compatibilidad que posibilitaría la búsqueda del órgano que necesitaba Nicolás y con ello entrar en lista de espera y aguardar el riñón. Al ser un paciente pediátrico podía tener prioridad en la medida que apareciera un órgano, no obstante la desesperación se hacía presente porque ese órgano si aparecía debía tener ciertas características para que pudiera recibirlo.

Como hemos dicho en otro lugar, la angustia, las fantasías posibles sobre la muerte, la situación traumática y la necesaria elaboración psíquica de lo acontecido irrumpen de manera particular en la subjetividad individual y en las configuraciones familiares en torno a la donación de órganos.

Todo esto moviliza un monto afectivo cargado de incertidumbre, ya que el mantenimiento vital del receptor dependerá de la presencia de un órgano que de hallarse deberá tener determinadas características, por ejemplo, en este caso, provenir de una persona de hasta cuarenta años, posibilitando que el receptor se pueda trasplantar.

Retomamos aquello que Bleichmar (2007) postuló como malestar sobrante, haciendo referencia a esa cuota extra que se debe pagar en tanto somos sujetos éticamente comprometidos, atravesados por ciertos valores que aluden a la categoría general del semejante en el sentido de disfrutar de beneficios que se convierten en privilegios ante carencias, desigualdad o simplemente falta de representación por parte del Estado.

Este malestar está posibilitado por profundas mutaciones históricas y en donde la presencia de un proyecto presente deberá garantizar que algún día dicho malestar cese y el bienestar sea alcanzado. Ahora bien, este recorrido se vislumbra en la medida que se puedan remediar las incertidumbres del presente.

También, y en el mismo orden de cosas, dependerá de un contexto burocrático donde la voluntad personal no tiene incidencia, burocracia aquí manifestada en los avatares que se presentaron para entrar en lista de espera y en donde la presión ejercida desde la institución en la que trabajaba la madre de Nicolás posibilitó que el trámite se concretara finalmente. Recordemos que para O´Donnell, (2007) en las burocracias del Estado los individuos se encuentran, muchas veces, en situaciones de aguda desigualdad, afectados entre otras cosas por extrema pobreza, indiferencia institucional o problemas de representación.

(…) *"Como él entraba en la adolescencia y la doctora de Buenos Aires pensaba que los chicos adolescente que necesitaban un riñón, y ellos lo pedían, creían que estaban sanos y lo desperdiciaban porque dejaban de tomar la medicación o porque se alcoholizaban, y perdían el riñón, entonces ponerlo como apto para el trasplante pero era un punto de vista bastante polémico, yo no acepté desde ningún momento que eso pudiera ser así* (…) (P2).

Continuando con el relato la madre expresa:

*Nicolás se enojaba mucho para ir al Garraham, no quería saber nada. Entonces en un momento dado en el CucaiMis nos ofreció de ir a ver al doctor Agusti que es un trasplantólogo que era que estaba de Santa Fe acá en Misiones, que él estaba como trasplantólogo y como hacia los controles postrasplante que se trasplantaron, acá en Posadas, y también los que se trasplantaban en Santa Fe, él le hacía el control, no tenían que ir a Santa Fe"* (M1).

A destacar en lo narrado de estas vivencias es la situación donde la doctora se negaba poner al sujeto afectado como candidato para la recepción del órgano porque era adolescente, bajo el prejuicio de que iba a ser un órgano desperdiciado justamente porque como adolescente no lo iba a cuidar. Ahora bien, ¿cómo quedan posicionados los derechos aquí?

En torno a estos datos vemos limitados los derechos ciudadanos, desestabilizando la raigambre planteada por O´Donnell (1978) en la que la ciudadanía es la máxima abstracción de lo político y en donde todos los sujetos concurren a la formación del poder estatal materializado en derechos e instituciones. Esta actitud dificulta pensar la ciudadanía como fundamento que proporciona adecuación por su modalidad abstracta de mediación entre el Estado y la sociedad.

Si bien la ciudadanía se presenta bajo la paradoja de que no puede pensarse como un referente del Estado ya que el accionar de las instituciones estatales debe estar referido a un interés general que no debe basarse en la figura abstracta del ciudadano, aquí la individualidad de un sujeto a la espera de un órgano es la expresión de una necesidad genuina que habla por la situación de muchos otros. En consecuencia la ciudadanía se presentará como fundamento igualitario del Estado y éste a través de sus instituciones no puede omitir o impactar en determinada esfera concreta habitualmente perceptible como tal.

La actitud de la médica podría ser leída como una conducta inadecuada más cercana al estatuto planteado por Lewkowicz (2012) de los Estado técnicos-administrativos que hacen emerger la figura del consumidor sobre la del ciudadano, figura que viene a mostrar otro lado del contrato social. A partir de ello la sustancia del Estado ya no giraría sobre dogmas que establecen declaraciones, derechos y garantías de los habitantes de la nación, sino que hoy la regla fundamental sería la autorreproducción bajo la operatoria de un puro funcionar.

Negar o desconocer que dentro de un contexto democrático los derechos y obligaciones, propios de una ciudadanía política se presentan como atributos de derechos civiles, dentro de obligaciones más generales que corresponden a sujetos políticos miembros de una sociedad, es ignorar la adjudicación de una diversidad de derechos a los ciudadanos que los construye como agentes que portan derechos subjetivos asignados universalizados, garantizados en una democracia que posibilita y no que limita. (O´Donnell, 2007).

Asoma aquí algo de lo planteado por Galli (2013) en torno a que la democracia padece de malestar, un malestar propio basado en sus instituciones políticas y realidad social.

Malestar por una parte subjetivo, en el sentido de que los sujetos deben considerarse ciudadanos. Posición que los ubica en una desafectación expresada en una indiferencia cotidiana que refleja una aceptación sumisa y acrítica por los presupuestos complejos que puedan derivar de la democracia. Desafectación que podría tener su raíz en el hecho de que tanto la política como la sociedad sean percibidas más o menos lejanas a la democracia.

La otra parte del malestar se refiere a lo objetivo, lo estructural, donde la inadecuación de las instituciones democráticas para mantener sus promesas de estar a la altura de objetivos humanísticos, otorgando a todos igualdad en la libertad, derechos y dignidad hace que muchas veces los presupuestos valorativos de la democracia sean cuestionados en sus reglas e instituciones.

Si bien los estudios y controles médicos estaban realizados aún no lograban que Nicolás entrase en lista de espera para ser receptor de un órgano:

(…) *"empecé en el CucaiMis a pedir por favor, en el Garraham, a preguntar porque no estaba en lista de espera porque tenía todos los estudios hechos, estudios que son necesarios, difíciles de conseguir los turnos que nosotros dependíamos también de la cobertura social que lo autorizara, otros había que pagar porque no nos cubría, todo estaba hecho, otro había que hacer en Buenos Aires, todo se hizo pero aun así no estaba en lista de espera. Después cuando empezaron a llamar desde el CucaiMis de acá a Buenos Aires. Cuando él estaba ya en lista de espera a los dos meses se consiguió un donante, cuando hay un donante cadavérico acá en Misiones, se le da prioridad a la gente de Misiones, (…) y se lo dieron a nuestro hijo "* (…) (M2).

*"Nosotros viajamos de acá hasta Santa Fe con una Kangú esas de Misiones Salud, llevando el riñón que era para Nico, lo llevamos nosotros en una conservadora con hielo para conservar (...) entró en quirófano (...) luego lo llevaron a terapia intensiva porque tenía control estricto, él se sentía mal de ver todo el ambiente de terapia entonces me pusieron en una habitación sola para que estuviera con él (...)*

*Bueno después de unos dos días lo pasaron a una habitación ya común y todos los días era varias veces al día los controles y a los nueve días ya nos dieron el alta y pudimos venir para acá, tuvimos que venirnos en micro tranquilos"* (M1).

Se manifiesta un acompañamiento del Estado, bajo la lógica de brindar los recursos para optimizar el trabajo que lleve a la realización del trasplante, primando aquí lo biológico como factor nuclear en la recomposición del estado de salud del receptor. No obstante, en ningún momento se manifiesta en la narración algún tipo de acompañamiento desde lo psicológico o social. Es de destacar que para Bleichmar (2004) las relaciones sociales tienen la función de producción de subjetividad, esto es, son las que operan en ciertas épocas históricas sobre los sistemas representacionales que se articulan en el psiquismo de cada sujeto. Así el factor tiempo en la producción de subjetividad germina la configuración subjetiva dadas por las experiencias que experimenta cada sujeto.

El Estado presenta un papel innegable como organizador social, los puntos donde no puede llegar dependerán de un conglomerado de factores que derivan en la des-subjetivación, producto de un accionar que muchas veces vulnera a los sujetos, promoviendo un campo semántico que significa lo social y al Estado.

Respecto a las "Vivencias en la etapa posterior a la recepción del órgano", en este sentido los entrevistados realizaron el siguiente relato:

(…) *"Comenzó su recuperación, y su vida normal digamos, después de un mes y medio ya comenzó a ir a la escuela, hacer una vida más normal con su nuevo riñón y bueno no ha tenido mayores inconvenientes, sólo episodio, porque ellos por supuesto están con las defensas muy bajas, ellos se tienen que cuidar de no resfriarse, cualquier cosa les puede afectar y enfermar. (…) hace una vida normal, participó de la estudiantina, juega al fútbol, se cuida porque tiene que ponerse una faja para ir a jugar al fútbol pero hace gimnasia, va al gimnasio, si tiene que ir a un cumpleaños va a un cumpleaños pero se cuida cosa que a lo mejor cuando estaba con la diálisis no podía, no podía pensar en ir a un cumpleaños porque tenía que conectarse a la máquina"* (…) (P1).

En consonancia con esto el entrevistador solicita se aclare si el trasplante se hizo en un hospital público.

(…) *"No, es una clínica privada pero que atiende todo, digamos acá también se hace en una clínica privada porque el hospital público todavía no tiene un centro de trasplante, digamos, el hospital Madariaga por ejemplo va a tener su centro de trasplante. Ya es un hospital donante, eso hace que se esté gestando, se está preparando para que los trasplantes se puedan hacer ahí, tanto de córnea como de riñones o de otros órganos".*

*"Esto también pasa en Santa Fe, esto es una clínica privada de cardiología incluso y ahí se hacen los trasplantes pero se atiende a todos porque el trasplante es un derecho que se tiene como ciudadano, tanto el que tiene obra social como el que no. Porque Nicolás tiene, hasta hoy tiene, una obra social del Profé o de Incluir Salud, que no es una*

*obra social, es un programa, él no tiene una obra social que le cubra, es un programa. Profé se llamaba, ahora se llama Incluir Salud que es para los discapacitados, digamos"* (M1).

Esta situación comentada se encuadra dentro del programa Hospital Donante que tiene como objetivo incorporar la procuración como una actividad propia de los hospitales para incrementar la disponibilidad de órganos y tejidos para trasplante. Entendiendo la procuración de órganos no como una actividad de expertos, sino como responsabilidad del Hospital en su conjunto. Resulta imprescindible por ello que todo el personal conozca sobre donación de órganos y tejidos y tenga internalizado que en cada paciente fallecido existe un potencial donante. Enfatizando como política pública al proceso de trasplante como un derecho ciudadano necesario propio de un Estado de derecho, esto viene a paliar de alguna manera las deficiencias respecto al marco normativo y escasez de recursos a cargo del gobierno nacional, desde donde bajo una estructura federal del sector público, resulta obstaculizada la capacidad del Estado Nacional en la definición y regulación de aspectos críticos del sistema público de salud de las provincias (Báscolo, 2008).

El trasfondo de esta encrucijada perteneciente al sistema de salud muestra una faceta más de la especificidad del capitalismo (O´Donnell, 1978) en la aparente escisión entre sociedad y Estado, fundamentada en la existencia de un tercer sujeto social que presta un respaldo primariamente coactivo. Lo privado y lo público aparecerán como un paralelo a esta escisión. Las partes privadas representadas por los sujetos de la sociedad civil y encarnación de lo público, las instituciones estatales. Es responsable el derecho al ubicar a los sujetos sociales como entes privados frente a las instituciones estatales, instancias de lo público.

Encontramos como otro aspecto relevante en esta dimensión los presupuestos del Estado una vez sucedido el trasplante y que también podrían estar orientándonos sobre su compromiso con los sujetos sociales.

*(...) Él también durante todo el proceso de diálisis, a la persona se la considera discapacitado y después del trasplante, una vez que ya está trasplantado, ya no es más discapacitado y eso es una contradicción, ya que la persona trasplantada está en constante peligro, es muy vulnerable, puede volver a tener un episodio y entonces no es una persona totalmente normal.*

*Tratan de hacer una vida normal, ellos tienen una medicación de por vida, tienen un cuidado de por vida y eso hace que tengan cierta discapacidad pero esa discapacidad no está contemplada. Ahora hace poco se reglamentó una ley que los protege, la Ley del trasplantado, entonces a través de esa ley, podrán hacer uso de aquellos derechos cuando eran discapacitados porque durante todo el tiempo que estaba como discapacitado, digamos, tenía pasajes gratis si tenía que ir a Buenos Aires iba gratis. Acá le cubrían el pasaje y el traslado a la clínica para la diálisis, todo eso estaba cubierto pero ahora es como que no tiene nada de eso porque ahora ya está trasplantado. Pero con esta ley creo que eso se va a revertir y nuevamente van a poder acceder a esos derechos que tienen durante ese trayecto de tiempo de diálisis por decir que en otros puede ser. No sé qué pasa con otras personas que tienen otros trasplantes pero creo que es lo mismo. Una vez que se trasplantó se le niega directamente el certificado de discapacidad".*

*(...) "Todavía estamos esperando que Misiones se adhiera a esa reglamentación (Ley del Trasplantado) y que también tenga vigencia acá, eso le va a dar al trasplantado, que en algunos casos, necesitan una casa digna que no la tienen. Hay gente que se trasplanta o que se hace diálisis que vive en un rancho, hay gente que se muere en*

*el camino, muere en la diálisis. Eso pasa muy a menudo,*
*que se mueren en la diálisis. No por la falta de higiene o la*
*falta de casa sino por otras situaciones que tienen también,*
*eso lamentablemente pasa a diario"* (M1).

Se hace referencia a la Ley 26.928, nombrada como *Sistema de Protección Integral para Personas Trasplantadas* que busca asegurar, en las personas trasplantadas o se encuentren en lista de espera con residencia permanente en el país, la integración familiar y social mediante la atención médica integral, educación en todos sus niveles, seguridad social e inserción laboral.

En ese sentido suponer una ciudadanía política conlleva necesariamente umbrales mínimos de ciudadanía social capaces de proporcionar una vida digna.

Podríamos considerar que el acompañamiento del Estado en lo atinente a la subjetividad de los ciudadanos, en lo que respecta al receptor del órgano, no fue considerado hasta la aparición de la Ley 26.928 ya que participación y ciudadanía política sin la presencia de participación social en la cual está involucrada la concepción de vida digna, empobrece el derecho ciudadano. Con esto no estamos planteando que el Estado no se haya ocupado de la problemática de la Donación de Órganos anteriormente, lo que planteamos es que cristalizó el lugar del receptor de órganos de otra forma, a partir de un marco legal.

Creemos que aquí se juega la construcción de los problemas sociales en el entramado de la ciudadanía y la política, ya que como se planteó, que la donación de órganos figure en la agenda de la salud pública y que el Estado actúe como regulador de dicha práctica, reconociéndolo como problema social, no implica que se tenga en cuenta el problema en su magnitud, en este caso, ejemplo de ello es la aparición de la Ley 26.928, como protectora de las personas trasplantadas o que están en lista de espera. La protección a la que apunta el Estado es una protección social en varios aspectos que hacen a la reproducción de vida de los sujetos implicados en esta problemática.

Asimismo el derecho será la expresión mayormente formalizada del aporte del Estado a la sociedad capitalista pero también organizará el funcionamiento social y articulará la dominación. Las instituciones serán la apariencia típica y objetivada de esta dominación, por ello O´ Donnell (1978) dice que son un fetiche, donde los sujetos del derecho subsumidos bajo una lógica de lo aparente en la superficie, se encuadran en la esfera pública de un Estado fetichizado. Paralelamente para Lechner (1981) una de las dimensiones que organiza la política es la dimensión normativo-simbólica de la praxis. Siendo constitutivas de la sociedad las normas morales e imágenes colectivas, normas y símbolos que permiten la producción y reproducción del devenir social. En consonancia con estas premisas el Estado representa a la sociedad, representación de carácter simbólico del conjunto del proceso social. Reconociéndose de esta manera la sociedad capitalista en sí misma a través del Estado, donde la diversidad de lo social será unificada por su presencia.

En el transcurso de esta dimensión encontramos en lo narrado la posición que toma la familia respecto a tener un hijo trasplantado:

(…) *"si bien uno acarrea para toda la vida esto de tener a una persona trasplantada porque él va a ser enfermo renal para siempre durante toda su vida, y bueno eso es una cosa que la tuvimos que ir incorporando de a poco porque no es tan fácil aceptarse a uno mismo y decir porque llegó a ese límite, porqué llegó allí, qué faltó hacer para que no le pasara esto y bueno, pero uno después cuando ya está uno trata de asesorarse, trata de enterarse a ver lo que pasa, a ver cómo es y bueno tratar de sobrellevar y hoy estamos un poco más tranquilos con este tema porque él está bien y es un chico de 17 años, tiene sus cosas".*

**En esta etapa los padres relatan :**

(…) *"el trasplante no es para toda la vida, el trasplante le puede durar 5 años, 10 años, en el mejor de los casos 10 años y en una cosa óptima 20 años. Él dice que le va a durar más porque lo va a cuidar, (...) tiene posibilidades que le dure un poco más y después tiene que volver a diálisis y volver a esperar, volver a esperar un riñón, y en ese camino se puede deteriorar o no"* (…) (P2).

*(...) es bastante difícil para que una familia cuide porque se cambia incluso la rutina de la comidas, la rutina del tiempo de diálisis duran, se acuesta, come algo y se acuesta en la cama, si a qué hora se levanta, si toma el desayuno, si la pastilla es para tomar con el desayuno o después o antes, en todo eso hay un cambio total en la casa"* (M1).

En el relato de cómo es el día a día con Nicolás trasplantado, asoma un punto de vista nutrido de la vivencia y experiencia de haber atravesado el proceso de trasplante, narrándolo con una significación singular:

(…) *"Capaz si yo tenía más información a lo mejor le hacía otros controles y a lo mejor iba a servir de prevención, o por lo menos que no estuviera en peligro su vida cuando le atacó. Porque hoy por hoy se puede ver que la enfermedad renal es silenciosa, (...) puede pasar que te llame la atención o porque te hicieron un estudio y te dijeron "mira tú creatinina está mal hay que hacerte un estudio de los riñones .Entonces yo me doy cuenta que los médicos no tienen toda la información tampoco. Si no la tienen ellos menos la tenemos nosotros, entonces por suerte hay un programa nacional de la Prevención de la Enfermedad Renal Crónica y eso también ayuda un poco más en todo el país a que se vayan interiorizando un poco más los médicos, todo el sistema de salud porque en realidad la enfermedad renal cuando llega y todo lo que es la diálisis, todo ese tratamiento, es muy costoso para el Estado,*

*entonces evitar de llegar hasta ahí, evitar a que la enfer-*
*medad avance tanto, que necesite diálisis y que después*
*necesite un trasplante porque aparte de lo caro que es una*
*diálisis, es difícil conseguir un órgano, entonces se trabaja*
*por dos lados, yo estoy involucrada en ambos lados"*. (M1)

Se entiende como enfermedad renal crónica (ERC) al funcionamiento anormal de los riñones por más de 3 meses o la alteración estructural de los mismos. Frecuentemente no es reconocida hasta los estadios terminales de la enfermedad que requieren tratamiento sustitutivo o trasplante renal, con la consiguiente carga de morbilidad, deterioro de la calidad de vida, años de vida perdidos y costos crecientes.

Resulta ser un problema de salud pública mundial, llegando a ser la manifestación más grave de la enfermedad renal lo que se conoce como *insuficiencia renal crónica terminal* (IRCT) que lleva al paciente a la necesidad de terapia de sustitución renal como diálisis crónica (hemodiálisis o diálisis peritoneal) o trasplante renal, con el consecuente impacto sobre los sistemas de salud que deben absorber los costos sociales y económicos que estos tratamientos implican.

Existen evidencias de que el tratamiento precoz de la enfermedad renal puede prevenir o retrasar la progresión a estadios más graves, sus complicaciones, así como disminuir el riesgo asociado a la enfermedad cardiovascular. En el primer nivel de atención la mayoría de los pacientes con enfermedad renal no son reconocidos hasta que presentan síntomas. Por otra parte, en el segundo y tercer nivel de atención existen falencias, sumadas a una deficiente referencia y contrarreferencia entre los tres niveles. La repercusión negativa es notoria en la eficiencia y eficacia del sistema de salud y sobre todo definitiva, en la calidad de atención y la calidad de vida de la persona que padece este problema de salud.

En este contexto la "Guía de Práctica Clínica sobre Prevención y Detección Precoz de la Enfermedad Renal Crónica en Adultos en el Primer Nivel de Atención" (2010) surge en parte como respuesta preventiva y configurada bajo la necesidad de una orientación para poder determinar ser perteneciente o no a un grupo de riesgo.

Esto también deja de manifiesto la necesidad de contar con información disponible y/o un lugar que nuclee a personas que estén en las misma situación, donde empáticamente puedan sentirse contenidos, encontrando recursos cognitivos para manejarse y atenuar de alguna manera el monto de afecto que suele irrumpir como angustia, desesperación, miedo, en estos casos:

(…) *"No hay un lugar donde vos digas, me voy a esta organización civil que se ocupa de esto, no hay un espacio donde digamos acá están todos los padres que están sufriendo con sus hijos con un problema renal, (...) estamos ahí en vías de crear una fundación pero siempre el espacio es lo que no hay, porque si uno tiene un lugar dice, lo invito junto a las familias que tienen este problema, vamos ayudar. Porque yo recuerdo que cuando Nicolás se infectaba el orificio de la cánula de la peritoneal y yo me daba cuenta de la infección porque era tan automático eso, el líquido salía turbio, entonces yo ya lo llevaba urgente y a veces ya era tarde, y había que tratarlo con antibióticos y a veces hacía falta cirugía para sacarle y limpiar"* (M1).

*"Entonces todo eso que pasaba, yo me lavaba las manos, hice todo un curso para lavarse las manos, tenemos la jabonera, el guarda toallas que es en papel, todo eso instalado ahí en la cocina. Teníamos que cerrar las puertas*

*y las ventanas, limpiar todo. Y esas infecciones que capaz que se podrían evitar porque a lo mejor yo le cambiaba tres veces por semana las sábanas y había que cambiarle todos los días, a lo mejor era él que se tenía que lavar más que yo también"* (M1).

En relación a las modificaciones edilicias de la casa la madre expresa lo siguiente:

*"Nosotros tuvimos que cambiar el piso, teníamos un contrapiso nomás, tuvimos que poner toda la cerámica en toda la casa por la higiene que hay que tener. Teníamos un mueble en el pasillo al fondo donde se guardaba la medicación, eran cajas y cajas y cajas de unas bolsas así (gesticula con las manos el tamaño de las bolsas), él usaba dos bolsas por día, eso venía facturado 60.000 pesos por mes, la última vez era 75.000 pesos"* (M1).

Esto nos recuerda los postulados de Lechner (1981) respecto a las  creencias y prácticas que encauzan la construcción y clasificación social de la realidad. En las que la invocación de sentido que se encuentra inscritas en condiciones histórico-sociales determinadas y que más allá de las comunicaciones verbales, la invocación de significado ocurre también de manera fáctica y no consciente; dependiendo del contexto cultural su interpretación. Así generar mitos, tabúes, ceremonias rituales, sacrificio, serán formas de organizar relaciones de poder en orden.

El entrevistador indaga sobre cómo eran cubiertos esos gastos:

*(...) El Estado cubría para la diálisis, solamente para la diálisis peritoneal el material que venía para eso. Aparte era el IOT que es una institución privada, que los médicos que le atendían, toda esa parte. Pero eso, material era eso, carísimo, mucha plata"* (P2).

*"El Estado se hace cargo gran parte, yo no sé cómo es el tema de las obras sociales, claro cómo entran en juego. Pero para los que no tienen obra social es el Estado el que cubre, o sea, a la persona hay que atenderla. Hay más de 28.000 personas haciéndose diálisis en todo el país, de las cuales hay un poco más de 6.000 que están en lista de espera, de las cuales 1.000, 1.100 cuando hay un boom así de trasplantes, 1.200 trasplantes por año, entonces el resto con diálisis"* (M1).

*(...) "El Estado debe comprometerse más  para que el paciente tenga una sobre vida a una enfermedad renal pero eso implica mucho presupuesto para el Estado, entonces es por eso que también están las otras políticas o programas de prevención y todo lo demás que se tiene que trabajar para que no lleguen a la enfermedad, digamos, crónica o que necesiten una diálisis o un trasplante porque son muy pero muy costosos, es costoso para la obra social y costoso para el Estado para los casos en los que se tenga que encargar el Estado"* (P2).

Queda reflejado lo que dijimos sobre el Estado como articulador y organizador de una sociedad, que se figura como "alguien" a través de  sus instituciones estatales, cuyo enfático peso genera el efecto de que sea vivido como "exterioridad" (O´Donnell, 1978). Dicha exterioridad estaría representada por instituciones encargadas de atender las demandas relacionadas con la donación de órganos, políticas públicas en salud y específicamente políticas en torno a la donación de órganos, programas y normativas legales que lo encuadren.

Este panorama deja esclarecido el lugar nuclear que tienen las Políticas Sociales en todo esto ya que son el nexo comunicativo con los sujetos sociales que como poseedores de  subjetividad permiten que ciertas ficciones se monten en el plano de las políticas y su praxis.

Para que toda Política Social pueda acercarse a sus protagonistas se deberá caracterizar y comprender las prácticas de los sujetos y las condiciones en las que estas se desarrollan. Asimismo el contexto social se presenta como medio y resultado de las prácticas; objetivamente dadas, subjetivamente significadas, y sobre todo, construida por los sujetos.

Así las condiciones sociales significadas pasan a integrar representaciones que funcionan como regulaciones internas, promoviendo configuraciones diversas y posicionando a los sujetos como verdaderos hacedores de la clase social; clase que a su vez los moldea.

*(...) "Si tuviéramos un lugar de encuentro diríamos, "ah tuvo una infección y la doctora dijo, esto es por falta de higiene". Las mamás como yo, otras mamás que me han contado, "a mí me enoja que me diga que es por falta de higiene si él se baña todos los días". No es eso, no es el bañarse sino es el cuidar el orificio de alguna manera y cuidarlo pero con responsabilidad como una cosa, un tesoro para que no se infecte y a veces se bañan, se secan y queda ahí medio mojado y ya. Entonces esas cosas si tuviéramos un espacio donde pudiéramos compartir las experiencias, seguramente que evitaríamos algunas cosas y mejoraríamos los tratamientos, digamos un poco mejor, porque los padres se desesperan"* (M1).

*"una mamá me contó por ejemplo la nena tuvo el problema renal, le van a poner ese aparato, vamos a esperar. Y esperaron dos años y tuvo un problema más grave, ya vino con mucha anemia, ya vino más complicado y bueno, hasta donde yo sé se estaba haciendo diálisis y no sé si se trasplantó. Se podía haber evitado , y la señora decía decía:*

*"-eso es yo por hacer caso y porque soy ignorante, yo no sé leer y yo no sé, nadie me dijo". Y bueno esas cosas a uno le angustian porque uno dice, si yo pudiera, ir y decir-*

*le o por lo menos tener un espacio y ahí poner en común lo que a cada uno le pasa seguramente aprenderíamos unos de otros"* (M1).

*"Y también tener un grupo de profesionales que acompañen a todo eso, sería bueno. Eso es lo ideal, lo que uno puede ver como necesario y otra cosa es en la práctica que en la realidad no existen"* (M1).

Se establece la diferencia entre lo ideal-necesario y la evidencia en la práctica, lo que marca la distancia entre los derechos reconocidos y una especie de vigencia efectiva vacía en la práctica, reflejo del agotamiento de un discurso que se proclama pero que no se retroalimenta, borrando o debilitando el efecto sobre el sujeto que las políticas desean generar.

# Conclusión
# Una política que no concluye
# -en la subjetividad-

Respecto al interrogante planteado al inicio del trabajo, en lo que se refiere al proceso por el que atraviesan las familias en espera de un trasplante, arribamos en función al recorrido realizado, de que es vivido inicialmente como traumático y con la posibilidad de desestabilizar al grupo familiar como al receptor que espera un órgano, ya que éste último se respalda en el sostén familiar.

Considerar esta situación traumática como inicial, manifiesta que a lo largo del proceso pudieron estabilizar su estado anímico en función a la certeza o no de disponer de un órgano para el sujeto en situación de trasplante.

Por su parte, el malestar y desconcierto de hallarse como familia frente a una situación de enfermedad se agudizó respecto a la falta de información sobre lo que aquejaba al receptor, circunstancia que debieron paliar manejándose por sus propios medios para acceder a material que los orientara. Si bien no se puede decir que no hayan recibido ningún aporte por parte del equipo médico, los datos que obtuvieron eran expresados en un léxico que muchas veces cuando no se tiene formación académica en salud resultan poco entendibles.

A su vez, sobre lo necesario que era el trasplante, debieron asimilar la idea de un tratamiento propicio, en este caso la diálisis, hasta encontrar un donante y para el que debieron prepararse intelectual y afectivamente. Estos avatares lógicamente llevaron a que el funcionamiento familiar, acostumbrado a una rutina de vida distinta, tuviera que cambiar sus ritmos de manera drástica, priorizando el cuidado de la salud del receptor y evitando el deterioro de su estado hasta recibir un nuevo órgano.

La burocracia, si se quiere, a la que se vieron sometidos, retrasó el ingreso en lista de espera y lo único que hizo fue aumentar la incertidumbre y la no explicación de porqué aún realizados todos los estudios médicos pertinentes para el ingreso en lista, no lograban hacerlo. Claro que estas cuestiones ya no dependen de la voluntad de quien necesita este requisito para acceder a un trasplante, sino de un funcionamiento político estatal que genera interrogantes sobre su accionar.

Queda esclarecido que como grupo familiar han aceptado que uno de sus miembros será enfermo renal de por vida, no obstante, el aliciente que poseen en la actualidad es que se hallan con mayor información respecto al proceso inicial, formando relaciones sociales atravesadas por el manejo de la temática de la donación de órganos y sobre la enfermedad renal específicamente. El intento de forjar espacios que los encuentre con otras personas que atraviesan la misma situación cristaliza la noción de ciudadanía, donde más allá de hablar de individuos con derechos, hablamos también de sujetos comprometidos con otros socialmente.

Se encuentra información de cómo estas vivencias configuran subjetividades en relación a las Políticas Públicas basadas en la Donación de Órganos que son las que reflejan el acompañamiento por parte del Estado. Políticas que nombran, de alguna manera, a los problemas sociales bajo el estatuto de leyes, programas, proyectos, etc. Y que en el mismo momento que los hacen también los encuadran en determinados territorios que dan cuenta de la presencia del Estado ocupado en ello.

Los nombres legitiman en la subjetividad de los sujetos políticos que el Estado, a través de sus políticas, en este caso, de políticas públicas específicas del campo de la salud, está ejerciendo control sobre aquello que los afecta; y en la medida que lo hace, refuerza una ideología o creencia de que la institución estatal aborda la problemática en su magnitud o que al menos posee un control. O'Donnell (1978) lo nombra como fetichización del Estado.

Lo dicho no significa que el aparato estatal se apropie de la problemática como un todo, ya que siempre quedan de lado otras posibilidades no dichas, restos de la misma construcción de los problemas sociales.

Al respecto Grassi (2004-2005), plantea que en lo referente a la política y problemas sociales, suelen dejarse de lado a las relaciones sociales en las que se entrecruzan las acciones de los sujetos del problema y de las políticas, que se constituyen en el mismo proceso histórico de su estructuración o transformación. No obstante y en relación a lo planteado por Murray (1991), los nombres en la política nombran los problemas o aquello a lo cual se los considera desde un lugar específico de esos nombres.

Desde ese momento se asumiría la postura de un sujeto ya dado y nombrado desde la política, siendo portador de representaciones que hablan de la realidad de la vida de las personas y que no necesariamente implica que sea una configuración subjetiva que coincida con las letras de esas políticas. Ficciones que funcionan en el contexto del discurso en el que se emite como disputas por la hegemonía política y cultural (Grassi, 2004-2005).

Por otro lado, el desamparo en el acompañamiento anímico de los protagonistas en estas situaciones, son de alguna manera la efectivización del Estado, pudiendo pensarse que lo que acontezca con las diversas instituciones que lo representan, estará dando cuenta de su presencia. Que el Estado actúe como regulador de la donación y trasplante de órganos, reconociéndose como problema social, no implica que se tengan en cuenta  en su magnitud los factores que intervienen en la problemática pero deberá considerarse mayormente con un sentido prioritario, ya que  la subjetividad de los involucrados en este proceso no es un dato menor, siendo que todo hecho político y legitimidad estatal compromete la subjetividad de cada ciudadano y son en parte los hacedores para que eso sea posible.

El objetivo de analizar la relación entre la configuración subjetiva de estas vivencias y las Políticas Públicas basadas en la Donación de Órganos, arrojó que el Estado es vivido como una  "exterioridad" (O´Donnell, 1978) que, en este caso puntual, genera vacíos entre la distancia respecto a lo que dice en las letras de sus políticas y lo que sucede en el ejercicio de las mismas. Si bien las instituciones encargadas de atender las demandas relacionadas con la donación de órganos están articuladas en la lógica de políticas públicas en salud y específicamente políticas en donación de órganos, como ser "Programa Federal de Procuración", "Ley del Donante presunto", "Programa de Calidad-Hospital Donante", "Detección precoz de Insuficiencia Renal Crónica", "Estrategia de Comunicación Hospitalaria" y "Ley del Trasplantado", que apuntan a brindar una atención ideal en torno a la temática de la donación de órganos, no encontramos o al menos se presenta enfáticamente difuso, la ponderación respecto al lugar del receptor de órganos y su subjetividad.

No obstante, todas las políticas, leyes y programas que versan sobre el trasplante cristalizan el lugar del receptor siendo que van dirigidas al mismo, siendo la más evidente la Ley 26.928, nombrada como *Sistema de Protección Inte-*

*gral para Personas Trasplantadas (Ley del Trasplantado)* que busca asegurar la atención médica integral, educación en todos sus niveles, seguridad social e inserción laboral de las personas que estén en lista de espera o se hayan trasplantado, lo que no precisa sobre el estado subjetivo de los receptores, siendo que lo que encontramos en este trabajo se basa en el reclamo de un espacio por parte del Estado, es decir, público que sostenga a las personas que atraviesan por esta situación. Si bien existen algunos espacios para ello, derivan en su mayoría de personas que se autoconvocan o bajo la estructuración de alguna organización sin fines de lucro.

De los hallazgos vertidos anteriormente queda sugerir que en este panorama las Políticas Sociales deberán seguir siendo pensadas y elaboradas como el nexo comunicativo con los sujetos sociales poseedores de  subjetividad que permiten llevar a cabo las ficciones que derivan del Estado y concretarlas en su praxis sin que medien vacíos entre lo que dicen y realizan, ya que toda construcción política construye sujetos políticos y  no se debe olvidar que son las subjetividades las que vivencian las políticas, significándolas desde sus propias singularidades.

La propuesta para  ello deberá incluir, no sólo en esta temática abordada sino en toda política pública que se pretenda inclusiva y quiera brindar acompañamiento que materialice la presencia del Estado, el lugar protagónico que ocupa la subjetividad.

# Bibliografía

- Abal Medina, J. M. (2008) "Prologo" En: Cheresky, I. (Dir.): **Capacidades del Estado y demandas cuidadanas: condiciones politicas para la igualdad de derechos.** 1ª ed. Buenos Aires: Programa Naciones Unidas para el Desarrollo-PNUD.
- Aguirre, C. N.; Elizate C. F.; Spaciuk, G.; Zamudio, A. R.; Espinola, M. y equipo. (2013) **Lista de espera.** Editorial Universitaria-UNaM. 1ª ed. Posadas. Misiones.
- Aquín, N. (2003) "En torno a la ciudadanía". En: Aquín, N. (Compiladora): **Ensayos sobre ciudadanía. Reflexiones desde el Trabajo Social.** Espacio Editorial.
- Andrenacci, L., Soldano, D. (2006) Aproximación a las teorías de la política social a partir del caso argentino. En: Andrenacci, L. (comp.): **Problemas de política social en la Argentina contemporánea.** 1ª ed. Buenos Aires: Prometeo Libros.
- Báscolo, E. (2008) "Características institucionales del sistema de salud en la Argentina y limitaciones de la capacidad del Estado para garantizar el derecho de la salud de la población" En: Cheresky, I. (Dir.): **Capacidades del Estado y demandas ciudadanas: condiciones politicas para la igualdad de derechos.** 1ª ed. Buenos Aires: Programa Naciones Unidas para el Desarrollo-PNUD.
- Benyakar, M. (2006) **Lo disruptivo. Amenazas individuales y colectivas: el psiquismo ante guerras, terrorismo y catástrofes sociales.** 2ª ed. Buenos Aires: Biblos.
- Bourdieu, P. (1994) **Razones prácticas. Sobre la teoría de la acción.** Anagrama.
- Bleichmar, S. (2007) "Un modo de pensar nuestro tiempo". "El inconsciente es el fracaso moral, no la justificación de la inmoralidad". En: Bleichmar, S.: **La subjetividad en riesgo.** 1ª ed. 2ª reimp. Buenos Aires: Topia Editorial.
- Bleichmar, S. (2004) "Límites y excesos del concepto de subjetividad en psicoanálisis". En: Bleichmar, S.: **La subjetividad en riesgo.** 1ª ed. 2ª reimp. Buenos Aires: Topia Editorial.
- Castronovo, R. (2013) "Algunos interrogantes sobre las políticas sociales en el marco de los cambios de paradigmas en el campo de las políticas públicas". En: Castronovo, R: **Políticas So-**

ciales en Debate. Los nuevos temas de siempre. Editorial Edudeba.

• Consejo Nacional de Coordinación de Políticas Sociales. Disponible en: http://www.desarrollosocial.gob.ar/consejopoliticasociales

• Cullen, C. (2007) "Introducción". En: Cullen, C. (comp.): El malestar en la cuidadania. Buenos Aires: La Crujía.

• Cheresky, I. (2008) "Percepciones ciudadanas sobre el rol del Estado y su funcionamiento" En: Cheresky, I. (Dir.): Capacidades del Estado y demandas cuidadanas: condiciones politicas para la igualdad de derechos. 1ª ed. Buenos Aires: Programa Naciones Unidas para el Desarrollo-PNUD.

• Danani, D. (1996) "Algunas precisiones sobre la política social como campo de estudio y la noción de población objeto". En: Hintze, S. (org.): Políticas Sociales. Contribución al debate teórico – metodológico. CEA – CBC.

• Fernández Elizate, C. (2012) Sociología y Trasplante de órganos, tejidos y células: A 10 años del "Programa Federal de Procuración" Políticas Públicas y Trasplante. VII Jornadas de Sociología de la UNLP, 5 al 7 de diciembre de 2012, La Plata, Argentina. En Memoria Académica. Disponible en: http://www. memoria.fahce.unlp.edu.ar/trab_eventos/ev.1888/ev.1888.pdf

• Freidin, B. (2000) Los límites de la solidaridad. La donación de órganos: condiciones sociales y culturales. Buenos Aires: Lumiere Ediciones.

• Galli, C. (2013) El malestar en la democracia. 1ª ed. Buenos Aires: Fondo de Cultura Económica.

• Gonzalez, C. (2003) "La relación familia-estado y la formación de ciudadanía". En: Aquín, N. (Comp.): Ensayos sobre ciudadanía. Reflexiones desde el Trabajo Social. Espacio Editorial.

• Grassi, E. (2004-2005) "Problemas de la teoría, problemas de la política, necesidades sociales y estrategias de política social". En: Lavboratorio. Estudios sobre Cambio Estructural y Desigualdad Social. Número 16. Disponible en: http://www.catedras. fsoc.uba.ar/salvia/lavbo.htm

• Dobrovsky, G. (2005) Donación de órganos y subjetividad: la escena de muerte encefálica y la procuración de órganos para trasplante. La Plata: .De la Campana. 1ª ed.

• Incucai. Ministerio de Salud de la Nación. (2010) Guía de Práctica Clínica sobre Prevención y Detección Precoz de la Enfermedad Renal Crónica en Adultos en el Primer Nivel de Atención. Disponible en: http://www.incucai.gov.ar/

- Incucai. Ministerio de Salud de la Nación. (2005) **Ley de Trasplante de Órganos y Tejidos. Ley 26.066.** Disponible en: http://www.incucai.gov.ar/
- Incucai. Ministerio de Salud de la Nación. (2015) **Sistema Integral de protección para Personas Trasplantadas. Ley 26.928.** Disponible en: http://www.cucaiba.gba.gov.ar/ley-proteccion-integral-al-trasplantado/
- Incucai. Ministerio de Salud de la Nación. (2003) **Programa Federal de Procuración de Órganos y Tejidos.** Disponible en: http://www.incucai.gov.ar/
- Incucai. Ministerio de Salud de la Nación. (2013) **Programa Hospital Donante.** Resolución 229/13. Disponible en: http://www.incucai.gov.ar/
- Incucai. Ministerio de Salud de la Nación. (2015) **Tercera Carta Compromiso con el Ciudadano.** Disponible en: http://www.incucai.gov.ar/
- Murray, E. (1991) **La construcción del espectáculo político.** Editorial Manantial.
- Marshall, T. (1998) **Ciudadanía y clase social.** Losada.
- Lechner N. (2013) **¿Qué significa hacer política?** Obras II. México: FCE, FLACSO.
- Lekowicz, I. (2012) **Pensar sin Estado. La subjetividad en la era de la fluidez.** 1ª ed. 5ª reimp. Buenos Aires: Paidós.
- O Donnell, G. (1978), **Apuntes para una teoría del Estado.** Revista Mexicana de Sociología. Año XL, Vol. XL/N° 4 octubre diciembre, UNAM, México.
- O Donnell, G. (2007) **Disonancias. Criticas democráticas a la democracia.** Buenos Aires: Prometeo Libros.
- Zukerfeld, R.; Zonis Zukerfeld, R. (2005). **Procesos terciarios: de la vulnerabilidad a la resiliencia.** Buenos Aires: Lugar Editorial